北京印刷学院新闻出版学院

出版与传播学刊

JOURNAL OF PUBLISHING AND COMMUNICATION

2013年第一期 （总第1期）

陈丹 主编

社会科学文献出版社
SOCIAL SCIENCES ACADEMIC PRESS (CHINA)

《出版与传播学刊》编委会

主　　任　聂震宁
编委会委员
　　　　　聂震宁　肖东发　郝振省　蔡　翔　刘伯根
　　　　　陈　丹　魏　超　张文红　邓　漪
主　　编　陈　丹

卷首语

钱钟书先生说学问"大抵是荒江野老屋中二三素心人商量培养之事",道出真正做学问的甘苦。我们新闻出版学院的教师大多在教学之余,努力追踪学术前沿,阅读大量学术资料,痴迷于学术研究,这是教学相长,也是适应学院发展目标的需要,偶有心得,述诸笔端,相互交流与切磋,思想在交流中得以拓展,主题在切磋中得以加深,"邻曲时时来,抗言谈在昔。奇文共欣赏,疑义相与析。"从而又产生新的思路,写出新的篇章,一种"身心获益、文笔增华"的良性学风悄然形成。

随着国际国内出版与传播学术交流的增加,我们探讨学术的同道越来越多,与国际同人也可以无拘无束地探讨,可以说是"海外存知己,天涯若比邻",因此有人提议创建一个出版与传播学术交流的平台,让海内外学者和朋友展示学术成果,实现学术的交流与争鸣,这一提议得到了众多专家学者的一致赞同,以及相关出版同人的大力支持。

于是,《出版与传播学刊》正式面世。本刊倡导具有科学性和创新价值的出版传播研究,突出出版产业与文化研究、期刊研究、数字出版、创意经济研究,旨在搭建出版与传播的学术平台,促进国内及国外学者间交流与对话。坚持以数字出版探索与传统理论研究并重的原则,倡导多学科、全球化视野的出版传播学术研究,亦致力于数字媒体人才培养模式探索,主要刊登出版传播领域的高水平学术性论文。

我们正处于前所未有的文化发展的大好时期,希望更多的朋友加入到我们这个新开辟的园地里来,"谢朝华于已披,启夕秀于未振",只要大家齐心协力,辛勤耕作,在不久的将来,我们的园地必将是万紫千红,百花盛开。

目录 CONTENTS

·2012 数字出版与文化传播国际学术论坛·

出版转型与阅读文化重建 …………………………………… 聂震宁 / 1
Copyright Trade Business and Development in the
　　Digital Age ……………………………………… Richard Mollet / 10
学术出版社的内容资源数字化管理 ……………………… 彭向阳 / 20
数字出版法律制度建设中应注意的问题 ………… 黄先蓉　郝　婷 / 33
Web2.0 时代的"微"革命
　　——微博传播模式调查研究 …………………… 刘一鸣　李　薇 / 42

·数字出版研究·

数字化对美国期刊经营的影响及媒体创新策略 ………… 胡　瑾 / 57
泰勒·弗朗西斯出版集团期刊应对数字化出版
　　挑战的策略 ……………………………………… 汤　芮　孙万军 / 67
数字音乐如何走出版权困境 ……………………… 丁　振　魏　超 / 75

·新闻与出版·

大众文化心理与新媒体新闻传播特性探析 ……………… 杨艳琪 / 83
新闻媒体与公共关系的天然渊源和融合互渗 …………… 丁光梅 / 93

从"温岭虐童事件"看网络热点事件传播新动向 …………… 左　晶／102
消费时代文化经典解读类图书热销现象
　　成因分析 ………………………………… 刘銮娇　张文红／110
出版理论跨学科研究专著的特点分析 …………… 王若玢　张　丽／118

·出版人才培养·

数字时代首都编辑出版人才培养模式创新研究 …………… 王　瑞／124
论数字出版时代国际化复合型版权代理人才的培养
　　模式 ……………………………………… 叶文芳　丁　一／131
美国爱默森学院出版教育探析 …………………………… 李雪艳／138
编辑出版学专业大学生考研意向调研及分析
　　——以北京印刷学院编辑出版学专业为调查对象
　　………………………………………… 王彦祥　禹　蕊／151

·出版文化传播·

维客的文化意义 …………………………………… 孟祥兆　王京山／167
论中国戏曲文化与国际接轨 ……………………………… 慈妍妮／178
论行为艺术的艺术性与受众理解 ………………………… 苗雅涵／184
关于孔子学院的文化传播研究 …………………………… 刘俊敏／190
On Reading the *Life of Pi* ……………………………… Li Jingjing／196

·2012数字出版与文化传播国际学术论坛·

出版转型与阅读文化重建[*]

聂震宁

一

出版业正在进行数字化转型,这已经是不争的事实。许多专业人士对专业出版、教育出版的数字化演进所取得的业绩给出了几乎是激动人心的评价,对大众出版也表示了乐观的估计和展望,表达了欣喜之感。在几乎所有以数字化出版为主题的论坛上,专家们在演讲中都不厌其烦地指出,出版数字化转型不可阻挡,出版业剩下的几乎只有顺昌逆亡的选择。

需要引起注意的是,出版数字化转型还处于进行之中。笔者在2008年曾写过一篇文章,题目是《数字出版:距离成熟还有长路要走》。5年过去,数字出版毫无疑问还有长路要走。转型的现在进行时态告诉我们,作为一种全新介质的出版行为,数字出版的成熟程度还远远不能与传统纸介质出版比肩。因而,我们在为数字出版的某些奇迹惊呼与赞叹的同时,绝不能就此满足从而停止探讨的步伐。一部科技发展史告诉我们,质疑与不满,进而推动不断的探讨,乃是人类科技进步的内在逻辑。

倘若我们能理解人类科技进步这一内在逻辑,那么,对于数字出版的某些质疑与不满,就不会简单地被看做是保守主义的灰暗心态和时代落伍者的酸葡萄心理。对于出版数字化转型,笔者曾经表达过这样的看法,那就是:数字化潮流,浩浩荡荡,顺之者未必昌,逆之者一定亡。为什么顺

---

[*] 本文为国家科技支撑计划课题"数字出版内容国际传播平台应用示范"阶段成果,课题编号:2012BAH23F04。

之者未必昌？因为成就一份事业不仅要看是否做了正确的事情，还要看是否在正确地做事情。

我们稍微回顾一下，就能看得出，问题永远处于解决与未解决之中。记得电子邮件最初使用时，人们欢呼这是一项伟大的创新，我们中国人亲切地称之为"伊妹儿"。紧接着就产生了垃圾邮件，人们对"伊妹儿"提高了警惕，电邮创新好像就没那么伟大了，提供电邮的网站就有了过滤垃圾邮件、欺骗性邮件乃至攻击性邮件的责任。网络阅读遇到的问题几乎一直如影随形地跟着网络出版，网络阅读已经成为比较普遍的阅读，而网络阅读中的不可靠又随处可见。最近在网上看到揭露网络出版的问题。一些无良出版商利用开放获取模式，欺骗研究者，特别是那些在学术交流中没有经验的身为研究人员的作者，出版由这些研究人员付费的假冒期刊。这些期刊的总部许多都被宣称在美国、英国、加拿大或者澳大利亚，但实际上却在巴基斯坦、印度或者尼日利亚运作。无良出版商向研究者们发送垃圾邮件，招揽论文，但绝口不提需要作者缴费的事。之后，等到文章被接受出版时，作者们才被告知需要缴纳一般为1800美元的费用。学术出版挑选最好研究成果的职能正在消失，他们几乎愿意接收全部的文章，只要作者愿意出钱就好了。这样的事情的结果是，作者们失去了保持质量的强劲内在推动力，而读者对这些文章也失去了阅读的可靠感觉。据说，在印度新的无良出版商或期刊每周都有涌现，他们的出现是因为市场的需要——成百上千个印度本国的和其邻国的科学家需要把自己的作品发表出来，以此获得职称和晋升。在这个过程中，出版业的权威性、公信力迅速大打折扣。

在人们为出版数字化转型欢欣鼓舞的时候，笔者举出这样一个实例，不免有些扫兴。笔者也很喜欢出版数字化转型，总在为接踵而至的数字出版创新激动不已。但这些令人扫兴的实例却是必须设法解决的事实。我们要使得数字化出版顺之者比较"昌"，就得以必不可少的忧患意识来清醒认识数字出版中存在的种种问题，以实事求是的态度来解决数字出版目前尚存在的不足和缺陷。

二

出版数字化转型与阅读文化重建的问题，显然是数字出版实践中最需要讨论的问题。阅读问题从来就是出版业发展中一个带根本性的问题。阅读是出版业传播知识文化的功能最直接的实现。诚如出版业人士通常所说的"读者是上帝","上帝"的满意度,亦即受众阅读的满意度,应当是出版业发展评价的主要内容之一。从出版数字化转型给人们的阅读带来的一系列变化,进而讨论阅读文化重建的理念和实践,显然有利于客观审视数字出版发展的现状,有利于人们趋利避害地接受数字出版,有利于从根本意义上不断改进和完善数字出版业态。

在数字化转型中,人们在为阅读效率的极大提高欢欣鼓舞的同时,也为阅读的碎片化问题、浏览式阅读问题、实用主义阅读问题以及浅阅读、泛阅读、读图、读视频、网络狂欢等负面问题表示了深刻的忧虑。然而,更为深刻的问题是,随着数字化转型的达尔文主义被人们所接受,数字化带来的这些负面问题,似乎已经被众多的读者忽略不计或者说就此接受,甚至包括原先的许多忧虑者。对于原先那些忧虑乃至抱怨,似乎可以用"两岸猿声啼不住,轻舟已过万重山""沉舟侧畔千帆过,病树前头万木春"这样一些诗句来嘲笑和自嘲。也就是说,忧虑者尽管忧虑,抱怨者尽管抱怨,数字阅读中上述那些负面问题依旧快乐地存在。这样的态度一方面体现了人类与生俱来的乐于迎接新事物的乐天心态,另一方面也表明,在新事物成为潮流时,许多人很自然会出现从众心理、盲目状态、犬儒主义。

正因为如此,在人们为数字出版的某些神奇现象啧啧称奇并狂欢的今天,作为有责任感的出版人和出版理论研究者,更应当针对出版业这一带根本性的问题进行严肃的讨论。鉴于出版数字化转型对传统的阅读文化正在造成致命的冲击乃至消解,故而这种讨论具有价值体系重建的意义,可以称之为阅读文化重建。

三

阅读文化问题,主要涉及阅读的意义、阅读的价值、阅读的方式、阅读的选择、阅读的环境等。其中,核心的是阅读的价值问题。

下面从专业出版、教育出版、大众出版三种出版类型的数字出版看看对阅读价值带来的问题。

首先从数字化专业出版来看，阅读方面存在现代出版的问题。数字化专业出版最令人心仪的是其为读者提供解决方案的高效出版与阅读的神话。人们总是感兴趣于阅读效率的提高，惊讶于相关知识检索能力的提升。数字专业出版确实有效解决了这方面的实用性需求。然而，专业阅读并不仅仅要解决阅读速度和效率提高的问题，也不只是需要解决检索需求问题。在专业阅读过程中，还有相当多元价值的东西可以在阅读中获得。当一位博士研究生就博士论文的写作从专业数字出版商获得解决方案的同时，极有可能的是，他将因此失去一系列完整的专业阅读的机会。就拿最为抽象的数学来说，哈尔莫斯就说过："数学是一种别具匠心的艺术。"波莱尔说过："数学是一门艺术，因为它主要是思维的创造，靠才智取得进展，很多进展出自人类脑海深处，只有美学标准才是最后的鉴定者。"菲尔兹数学奖获得者丘成桐教授认为数学是一门非常漂亮的艺术，正因为如此，他才能在数学领域取得如此大的成就。物理学、化学、生物学等各种学科都具有各自的艺术魅力。如果人们的专业阅读仅仅满足于各种知识元的检索和知识云的解决，如果人们把专业出版和专业阅读仅仅看成是知识处理过程，那么，人类社会将陷入科学主义的泥淖，各种学科发展过程中的完整性研究将被忽略，思维科学将遭到弱化，蕴含于学科研究成果中的不可或缺的人文精神将遭到遗弃，而人类社会的发展必将是残缺的。为此，我们要说，数字化专业出版在高速发展的同时，如果只是满足于解决方案的获得，极有可能给读者造成多方面的损失，特别是人文精神和思维科学方面的损失。

教育出版在数字化转型中的阅读问题与专业出版比较类似，但层次更为丰富，问题更为复杂。现代教育事业越来越需要弘扬人文精神，需要对人的素质的全面培养，需要更多的人与人的交流，而不仅仅是知识、技能的学习和升学。数字教育出版在这方面有可能造成阅读上的很大损失。快速的检索在为学生提供现成答案、提高学习效率的同时，正好违反了教育的基本规律。当然，通过数字化出版来提高学习效率是必要的，我们都在享受提高效率的好处。但是，我们不能把学习简单化，把阅读简单化，更不能为了提高出版的效率而造成阅读学习的简单化。

大众出版的阅读通常可以分为两类，一类是实用的，另一类是休闲的。休闲的大众阅读主要是指读者为了休闲、审美、娱乐、愉悦等目的而进行的阅读。实用的大众阅读即指读者通过阅读获得思想文化上的教益、写作艺术的修养以及各类知识的认知。许多时候实用与休闲交融于大众的阅读生活中。诚然，在电子阅读器上人们已经可以读到很多很好的小说、人物传记和文化读物，读了之后一样会有很好的收获。但是，目前对于大众阅读影响最大的是移动阅读而不是电子书，移动阅读包括移动阅读碎片式信息、原创园地的海量文字以及视频、读图、播客、微博乃至短信，凡此种种的数字出版物，充斥大众阅读的时空，这就不能不予以认真对待。尽管大众阅读与专业阅读、教育阅读的专门性要求不同，但求开卷有益，通常无所谓碎片还是完整、浏览还是专注、浅阅读还是深阅读、泛读还是研读，可大众阅读事关国民素质的养成，又绝非无可无不可之事。在大众阅读过程中，如果普通大众读者总是处于碎片式的移动阅读状态、鼠标快速浏览状态、只言片语的浅表性阅读层面，更有甚者，如果总是处于道听途说、街谈巷议、张口就来的即时性阅读状态，缺少必要的完整性，缺乏真挚的感受，无意于深致的体验，加上数字出版传输的便捷和样式的新鲜，使得大众中潜心阅读者越来越少而走马观花者、道听途说者越来越多，则不仅实用性阅读的收获无从谈起，就连休闲性的阅读享受也会堕入混乱之中，作为以提高国民素质为目的的大众阅读则可能南辕北辙，适得其反，误入歧途。

四

我们之所以要针对出版数字化转型来讨论阅读文化重建的问题，乃是因为出版业的每一次重要创新，都会直接影响人们的阅读行为。从数字出版逐渐进入人们的日常阅读的过程来看，由于拥有许多技术手段的支撑，数字出版使得读者的被动、被选择、被接受的程度空前上升。这一问题也应当在阅读文化重建时加以讨论。

在一个文明社会里，应当予以大众进行阅读选择的自由，并且建立起保障这一自由的秩序。尽管一个人从小阅读或许是被动的，是被选择的过程，但是，一个人的成长过程却是从被选择到自主选择的过程，自主选择的能力越强，个人的阅读能力就越强，阅读心态、阅读心智也越成熟，而社会的阅读文化也就越成熟。

然而，在数字出版阅读上，人们在阅读的选择方式上出现了由主动选择向被动阅读反向发展的趋势。在很多时候，人们在网络上接受的是侵入式阅读、广场式阅读，甚至还会出现反复冲击式的阅读。此类阅读信息服务体现了出版主体传播能力的提高和服务意识的强化，事实上读者从来就需要不断地接受各种信息从而作出阅读的选择。但是，问题在于，在电脑上，读者经常需要停下已经开始的阅读，对于屏幕上忽然跳出的一个又一个八卦的新闻标题作出阅读与否的选择，当读者正在倾尽心血研读一部专著或者倾情体验一部纯情文学作品的时候，忽然遭到屏幕上倏然闪出的颇具情色冲击力的广告冲击，主动的阅读与被动的阅读就会面临博弈。更不要说在博客世界里那种竟日进行的广场式阅读，在强化了阅读自由度的同时，阅读的主体性也被消解了。

我们得承认，上述被动阅读的问题不是数字出版的错，而是数字技术魔匣里经常会蹦出的怪物，倘若理性的人类不加控制，那魔匣里指不定还要蹦出什么匪夷所思的东西来。在这样的时代里，需要我们对阅读的方式和环境保持必要的自主能力，也需要数字出版者做出共同的努力，在发展数字出版的同时，不断地优化我们的阅读方式和环境。

五

数字出版最引为骄傲自豪的是速度。数字出版的阅读速度无疑也得到了极大提高，阅读的快与慢也就形成了激烈矛盾。在传统出版条件下，人们讨论阅读的快与慢这对矛盾，仅仅在于治学修养的不同需要上。在数字化转型过程中，阅读的快与慢的矛盾则几乎达到"生存还是死亡"的激烈程度。

为此，一个时期以来，国际读书界出现了一个慢阅读运动。美国新罕布什尔大学有一位教授托马斯正在大力开展慢阅读的实践。他主张细细阅读一本好书，反对一目十行。他说，慢阅读能唤回阅读的愉悦，从高品质的文字中找到乐趣和意义。他严厉批评学校鼓励学生开展阅读速度和阅读数量的竞赛，认为这是对阅读价值的破坏。托马斯教授还在课堂上开展慢阅读教学。他鼓励学生回到传统阅读中去——大声诵读甚至背诵，要求学生"琢磨"和"品味"文字。可想而知，为什么已经习惯在网上快速浏览网页的年轻大学生们，再次面对纸质读物时，竟然出现了注意力很难集中的阅读障碍。托马斯说："我想他们已经意识到自己在一目十行中失去了多少。"他要求学生一定要慢阅读。前不久也有大学教授跟笔者说，现在学生都没必要去图书馆了，在数字图书馆上就可直接借阅图书。笔者想这也很好，节约跑路借书的时间，有相当的好处。但是我们要谈的还是阅读方式的问题。由于网络化借书的便捷，学生们在屏幕上读书的效果如何，会对我们的阅读带来哪些影响，需要认真讨论。加拿大约翰·米德马还以《慢阅读》为名出版了一本专著，力挺慢阅读。书中展开对慢阅读的价值分析，继而把慢阅读引申到作者与读者乃至与社会的关系上来看待。

　　一直以来，许多文化名人都主张缓慢生活，他们的一些主张可以对今天在数字化条件下忙碌生活的人们有所启悟。米兰·昆德拉有一部专著专门讨论缓慢生活的意义，书名叫《缓慢》。他写道：慢的乐趣怎么失传了呢？古时候闲逛的人都去了哪里？民歌小调中游手好闲的英雄，这些漫游各地磨坊的流浪汉去了哪里？他们随着乡间小道、草原、林地空间和大自然一起消失了吗？米兰·昆德拉为田园风情的消失唱了一曲幽怨的挽歌。现代化、数字化进程必然不断加快整个经济社会发展的速度。人们已经开始抱怨生活节奏快得令人喘不过气来，似乎都知道不快不行，可又不知道为什么要这么着急。阅读速度当然不可能幸免于其间。为了人的全面发展，我们不能一味地以快为美，而必须以人为本，科学解决好速度的控制问题，努力做到该快则快，该慢则慢。阅读文化的重建也应当作如是观。

六

　　在出版数字化转型中提出阅读文化重建问题，本质上是对社会阅读以及出版业坚守和弘扬人文精神的呼唤和引导。

　　作为人类精神文化生活的主要内容，社会阅读以及出版业首先是人文精神的弘扬，其次才是知识、信息的传播。人类社会的现代化进程，一定程度上造成了人文精神的嬗变、解构乃至丧失，这是人类社会无可奈何的悲哀。人们已经被市场竞争、效率至上弄得相当疲惫，现在又要被数字技术搞得如此这般的支离破碎、踉踉跄跄，且不说那些急功近利的专业阅读、教育阅读，就连大众阅读的休闲式阅读、情意绵绵的阅读、思考人类命运的阅读，都变得匆匆太匆匆，好像明天立刻就要获得一个重大发现，然而这分明不过是人生应有的精神休憩。重建阅读文化，必须在人文精神的引导下，建立合理的阅读价值取向，构建多元的阅读方式，改善阅读环境，减少阅读的盲目性、从众性，增强阅读的理性、自主性。

重建阅读文化，则需要在出版数字化的各种载体和传播方式运行中建立具有权威性和公信力的阅读评价体系。此类阅读评价体系在纸介质出版的传统格局里业已形成，而这是成熟的阅读文化所必需的。尽管这种评价也许对大众阅读的自由度有所压制，容易造成社会管理机构权力的滥用，造成过于强化精英阶层权威的僵化现象，然而，这毕竟是文明社会在无序与有序、理性与非理性一系列悖论面前的理智选择。数字出版特别是当前的网络出版，还没有形成应有的书评制度，这就不是一个完善的阅读文化环境。诚实的作者和读者在这种缺少标准、缺少价值评价的困境中会感到严重的困惑。不道德的作者和无良出版商却可以在系统内耍阴谋、玩阴招而无须担心受到正面力量的谴责，如此将对人类社会正当的出版和阅读形成严重的威胁。作者和出版者应当抵制不受任何价值观、道德观和行为准则约束的出版方式的诱惑。为此，出版界要立足于建立行业规则，提高行业识别出版舞弊行为的能力，建立起开放的评价环境，让亿万热情的网民睁大眼睛审视出版物的质量，发出批评的声音，从而建立起有序的阅读文化环境。

七

解铃还须系铃人。解决数字出版派生出来的阅读问题，还应当通过数字出版理念和技术的改进和创新来解决。这一轮出版的技术革命乃是在新技术引领下发生的，基本上是数字技术有何发明，数字出版物读者便去尝试进而被吸引、接受。可是任何先进技术都存在着正面作用与负面作用的两重性，人文精神要求我们趋利避害，不能让技术的负面作用肆意扩大。阅读文化重建，正在对数字技术提出要求，数字出版业不能不负起相当的责任。

审视直至目前为止的数字出版与阅读状况，至少可以提炼出以下需要反思的问题：①提供解决方案的服务并非数字化专业出版的全部，专业出版的全面价值和严肃性需要得到维护；②数字化教育出版要把引导学生深度阅读、慢阅读作为业务突破的重点方向；③数字化大众出版要提倡开卷有益，倡导品位和价值的提升，可以有原创园地海量文字上传，更需要强化网络出版的编辑环节；④网络出版与阅读应当建立起以诚实为基础、内容为导向的作品评价体系，数字图书馆要把那些无良出版商从目录中删除；⑤为确保用户阅读选择的自主权而建立更加健全有序的网络环境；⑥网络技术提供商、移动技术运营商有责任为建立网络阅读环境和移动阅读环境的秩序而努力。

总之，在数字化时代，数字出版业较之于出版业以往任何时候的社会责任都更为重大而复杂，服务于社会阅读的责任也空前地受到高度关注，而目前正遭到相当广泛的质疑和批评。但无论遭到怎样的批评和质疑，绝大多数人士并不会因此诅咒数字出版，更不会诅咒数字出版的命运。《第一财经日报》曾于 2006 年 3 月 28 日发表过一篇文章《因为互联网，我们需要做得更多》，其中，美国《华尔街日报》运营副总裁潘瑟艾罗说道："内容是最重要的。我们首先应该做出最棒的内容。至于读者的阅读形式，我们不应该苛求。因为互联网，我们需要做得更多。"正如他所说，我们希望数字出版在阅读文化重建方面做得更多更主动一些。这是全社会的文化自觉，也是读者维护阅读权益的需求，无疑，更是包括数字出版业在内的整个出版界无可推卸的责任。

（作者系全国政协委员，韬奋基金会理事长）

Copyright Trade Business and Development in the Digital Age

Richard Mollet
CEO of British Publishers Society

Similarity and Difference: the Innovation and Development of Copyright in the Digital Age

We were looking forward to the attendance of China as the Market Focus at London Book Fair, in April 2011. Again, this event passed with great success and I believe all of the British publishing fraternity found it a highly interesting and rewarding engagement. It was a pleasure to host China and I hope that the bonds forged between our two countries before and during the Book Fair will stand us in good stead for very many years to come.

I am going to speak today about the development of copyright in the digital age and so to set the context I would like to briefly provide some background details on the current state of the British publishing market.

In 2011 the UK book market was worth some £ 3.2 billion. Digital sales formed 8% of that total and increased 54% on the previous year, when they were only 5% of sales.

Growth varied across different sectors, but the stand-out performance was in consumer ebooks which grew by 366% between 2010 and 2011 and now stand at £ 92bn. But even in the 8 months of this year, although our official figures are not yet in, publishers are reporting that in some titles and genres digital sales are around 40% – 50% of the total. Amazon recently announced that their sales of ebooks on the Kindle platform now exceed their sales of physical books online (although they did not provide specific figures on this). Many trade publishers would expect to see digital overall accounting for 15% of their revenues in 2012.

It should be noted too that in academic and scientific publishing this is nothing new. The research journal community have been publishing their works online for over 10 years. And whilst huge innovation continues apace in those markets, the focus is on developing digital not migrating to it.

There are two core drivers to this digital revolution. The first is of course publishers. People are only able to read ebooks or online journals because publishers have taken steps to provide them (compare this to music where record labels were in some cases slow out of the blocks to transition to digital). Publishers in the UK have to cater for a wide number of ereaders and platforms, each with different format requirements and in many cases requiring different levels of digital rights management. The innovation and adaptation this has required sits at the very heart of our digital growth. That innovation has been able to occur because publishers have had the confidence and means to invest, thanks to the revenue returns provided for by copyright.

Secondly and perhaps just as important, has been the development and market penetration of ereaders. Chief amongst these is Amazon's Kindle which perhaps has as much as 90% of the ebook market. The Apple iPad, Kobo, Sony ereaders are also in the market and 30% of British people owns or has access to an ereader. The speed of the adoption of ereaders has even surprised Amazon's CEO Jeff Bezos as he explained in a recent interview. But it is one of the reasons why the UK has one of the fastest developing ebook markets in the world.

So two facts are clear: we are undoubtedly very much operating successfully in the digital age; and copyright is a vital element in the success of our business. So the question is how policy makers ensure that the innovation in the commercial world is matched by and kept pace with by legal world.

Our mainline answer is this. The existing framework of intellectual property law which provides exclusive rights, subject to exceptions and time limitations, is broadly indifferent to technology—it is a robust and flexible system capable of adaptation to developments of the age. The 1710 Statute of Anne, the Berne Convention of 1886, the EU Copyright Directive of 2001 have proved remarkably capable of accommodating change, in an incremental, proportionate and balanced way.

This should be of no surprise. As both of our societies are well aware, ideas and thoughts that were first had sometimes centuries ago can continue to inform our conduct, provided we recognise that they are guidelines and not strait jackets.

When, as at the present time, some modifications are required to ensure that copyright keeps up with digital technology the challenge is to ensure these changes are commensurate with creators' needs; the consumers, society as a whole; and that policy changes do not inadvertently threaten or undermine the ability of creators and the companies which invest in them, to maintain sustainable businesses.

Opportunity, Choice and Strategy for Policy Makers

What are the choices and strategies facing policy makers.

The first option is a very beguiling one: erode copyright—even remove it—so that the law allows everything which is technically possible. This sounds ridiculous but there are those who advocate it. "I can therefore I should" is their mantra. They see copyright as an outdated legacy concept, married to outdated physical content, which they sometimes mock as the "dead tree world". Putting aside for a second my fervent belief that ereaders will no more replace the physical book, this option looks attractive.

The advantages of this would appear to be clear. Consumers would be happy being allowed to do pretty much what they want with content; technology companies too would be freed to do what they will; exciting new ways of making money from creativity there to be explored.

However, the disadvantages are all too clear as well. What exactly are those exciting new ways of earning money, and how do we know they would deliver the same levels of rewards and return. Are we really just talking about rock stars selling merchandise and advertising and not music? Is it about authors making money from readings? Or alternative jobs? And is it even fair? why should technology companies be the beneficiaries of this transfer of resources. The wires and pipes of the internet are dark and dumb without the creative industry content. It is not right that they should be given a free pass on the very thing which makes their product and service attractive to consumers and profitable.

And are consumers happy in the long term? Being able to rip, swipe, swap and share and mix and develop to your heart's content might sound fantastic. But how long does it last? If creators are not being as fully rewarded there will be fewer of them. If publishing companies are earning less healthy returns there will be fewer of them too, and doing fewer things for fewer creative people. This has clear implications for both the quality and quantity of work.

This option is clearly not that attractive after all.

So there is a second option, slightly less radical, which calls upon policy-makers to drag the balance of copyright further from rightsholders and towards some generalised public good. This argument sees copyright purely as an economic instrument to be haggled over as if each side has an equal claim. The problem with this policy choice is that it overlooks an important—indeed the most critical nostrum of copyrights: that it is a type of property rights. The fundamental basis of copyrights is the ownership which it gives the creator and which publishing companies also occasionally have, but in most instances have on assignment from the author. Whilst it is acceptable to bargain with economic rights, it goes against the jurisprudential grain (to European and Anglo-Saxon ears at least) to see property rights being over-ridden in this way. A creator cannot and should not have his work sequestered just because it suits the needs of big business. We see that government has an appropriate moral duty to defend property not assist in its removal.

So we come to the third choice, and the one which we urge British and European policy-makers to follow, which is to recognise the importance of copyrights as a property right; and when updating copyright, ensure that these rights are respected and protected and not eroded.

The Berne Convention for the Protection of Literary and Artistic works dated from 1886 works provides exactly this protection, mainly through the three step test which was added in 1967. It states that exceptions to copyright allowing reproduction of works should only be permitted in Certain Special Cases provided that the reproduction does not conflict with a Normal Exploitation of the work and does not Unreasonably Prejudice the legitimate interests of the author.

This formulation hits precisely the right balance between ensuring copyright serves its two masters: the creator and the public.

Hence, when changes to copyright are required in order that new technologies can be exploited, legislators have a ready-reckoner test against which to gauge their appropriateness. For example, new technology in education means that teachers are technically capable of copying parts of works and transmitting them across the internet to distance learners or putting them on white boards in the classroom. Or libraries wish to make copies of works for digital archiving and preservation purposes. These are areas—certain special cases in Berne's language—where copyright currently prohibits what should be perfectly legitimate activity. And this is why the UK law is being updated, as we speak. Rightly so.

However, from Berne, it can equally be seen that the permitting of for example file sharing of whole works; or the copying of whole texts for dissemination across the internet to a global audience would be wrong. In these cases, it is clear that the normal exploitation of the work and the interests of the author are clearly transgressed and prejudiced. It also raises questions about granting internet intermediaries like the search engines the carte blanche ability to mass digitise works without getting the permission of the rights holders first. The practice of copy first, ask questions later should have no place in an economy which claims to respect creativity and property as the EU and UK do.

In summary, the extent to which innovation in copyright takes place is always going to be an area of dispute. But the existing copyright law certainly as it applies in the EU and UK, and embodied in international agreements such as Trade Related Aspects of Intellectual Property Rights (TRIPs), provides a clear, coherent, framework within which decisions on development can be made, which neatly balance the interests of the creator's property rights and the consumers' and other parties' interests. We believe the option policy makers should take is to maintain that framework, we will have disputes over detailed changes within it, but at least we will agree on the size and position of the pitch on which that debate takes place.

Opportunity, Choice and Strategy—the Challenges for Publishers

So much then for the choices confronting policy makers. But I would like now to turn to the choices facing publishers and other rights holders. And in so doing, and because I am British, I would like to frame these strategic questions in the language of our greatest ever writer, William Shakespeare. And if any of you, and I'm sure very many of you are, are familiar with his works then you may recognise some of these headings.

To Be or Not To Be—Hamlet

First, what are the fundamental choices to be made by publishers?

There is the existential question of whether to engage in the digital world at all. It is not likely that many purely physical publishers could survive for very long, but there are those—particular the purveyors of art books and so called "coffee table" reading—which in the creation of high-end, beautiful books which are a pleasure to feel and touch, no doubt will continue to succeed. Some authors too have resisted the digital pressure. JK Rowling famously did not allow Harry Potter to become ebooks until she felt the time was right, and now has the highly successful Pottermore website where she is directly retailing them. But for the most part, both authors and publishers well recognise that the new hybrid world of physical and digital is one they must embrace. But that still means there are difficult choices to be made about the speed of transition and the deployment of resources in technology and most importantly skills and training as the journey begins. British publishers are aware of the need to ensure their workforces are equipped to meet the challenges of the digital world; but at the same time the core skills of publishing—editing, curation, marketing and supporting authors—need still to be conducted as well. Getting the right mix of these skills in the company and in individuals is perhaps the most pertinent challenge publishers face today.

But once through this gateway there are other choices to be made, the debates over which are only now really starting. For instance, Bundling: should the buyer of a hardback book be given access to an ebook as well? The technical difficulties of this are myriad, but it could be a neat way of ensuring the reader—consumer gets the work in whatever way they please. The film industry has gone down this path with the new ultraviolet system and some publishers are looking at following suit.

Then there is the question of digital rights management. Some would like to see this stripped away so that readers can transfer ebooks across all and any devices. Others see DRM as a vital bastion, a last ditch, in the battle against online copyright infringement.

This leads on to the next strategic question.

Oh Brave New World Which Has Such People in It—The Tempest

Or perhaps I should say such "devices" in it. The continued, relentless development of new devices and platforms has seen an equally remarkable range of innovation from publishers. Like Pottermore as already mentioned, Faber & Faber's apps on the Wasteland and the Solar System, Random House's development of the The Magic of Reality, or Pearson's learning resources.

These show that the future is not just about the recreation of texts for electronic readers but that it will go further, and our view will change as to how the text can be grown, developed and manifested in all manner of different ways. Education publishers are already leading the field in developing their content so that it does not just inform the reader, but tests them as well. Individual learning programmes can be developed which allow each student to progress at a pace appropriate to them, being assessed and corrected as they go. The key factor is that all of these developments come about because of copyright, which provides the author and publisher with the underlying economic certainty on which investment decisions can be made.

But these devices throw up some interesting new challenges. If the digital future is to be seamless, then publishers' metadata has to be up to the task. And not only ours, but that of other creative businesses as well. In the UK, we are looking into the development of a new Copyright Hub—a voluntary, industry led system, which would bring together the rights registry and potential licensing of all creative content. But it will only be possible if the meta data behind it is right.

And it's not just supply-side data which is in question. Ereading devices are capable of generating rich and deep veins of consumer data, buying habits, browsing time, reading behaviour, and so on. We are only just now seeing the tip of the iceberg of some of the legal and ethical questions which the availability of this data might throw up.

Nothing Will Come of Nothing—King Lear

Publishing like any business relies on revenue. This means consumers have to buy the works they enjoy and not take them without paying. I have already discussed what this means for policy makers. The copyright law must not be eroded or given loopholes through which mass infringement can occur.

But digital developments threaten revenue streams in other ways. Booksellers in town and city centres are seeing revenues plummet as footfall drops and shoppers go online. Some are fighting to bring ebooks into their stores—our largest UK retailer Waterstones has formed a partnership with Amazon to do just that—but with 1000 independent stores going under in the last two years (and with the retail climate particularly bleak in the UK at the moment), it is a difficult time. The public library service faces similar pressures.

This is why publishers are so clear in calling for internet intermediaries to do more to ensure that their networks are not havens for infringement. This is why we maintain pressure on government to implement laws, like the UK's Digital Economy Act, which put obligations on internet service providers to communicate. This is why we need to see search engines, like Google, to implement Clean Search policies so that its users are not directed straight to infringing sites in search results. There is a lot more which these companies could do to ensure the digital economy works not just for them, but for creators as well.

There is also pressure on revenues even from legitimate online services. There is a growing concern in the British market that imbalances in the ebook retail market are leading to unsustainable conditions, especially for small publishers. It is a situation which we regularly urge the competition authorities to take a closer look at.

Tomorrow, and Tomorrow and Tomorrow—Macbeth

The final strategic point to consider is that it is so difficult to predict what the world will look like, even in six months time, let alone in any number of years. The only thing every expert in the digital field seems to agree upon is that we are nowhere near the end-point of development. There are clearly huge changes yet to be experienced. For example we are only beginning to see what might happen in the field of mobile—where publishers' content is still not as routinely present as is, say, games or audio-visual content.

We are only just starting to see what can be done in the field of content mining, especially of scientific research, where the technology is only now being developed with publishers and researchers working closely on the licensing and technology required to achieve that. We believe that content mining should be made possible, but that access needs to be managed to check against infringement and technical overload.

And finally, we are still only on the foothills of what might be done in terms of developing authors and new works. Sites like Authonomy and Penguin's recent acquisition of ASI show that publishers have nothing to fear, and indeed everything to gain, from the power of the internet to develop new writing and self-publishing. And the world of social media too is opening up to publishing, with sites such as Anobii leading the way in allowing readers to make recommendations to others, and to use the platform to form communities around books and writers. The site Unbound is giving authors access to crowd-sourced funding, where consumers can put offers on and buy shares in as yet unwritten books.

So these are some of the strategic options and choices facing publishers in the UK. None of them require any changes or innovation in the copyright law. In fact, the converse is true. The investment decisions which are required to make the most of the promises of the technological future depend upon a stable and predictable business environment; that is, one in which the rights of creators and publishers are well understood, respected and not under threat of erosion from changes in the law.

Publishing has a very positive digital future to look forward to. British publishers are going to be part of that. And we very much look forward to continuing to work with our Chinese partners in getting there.

学术出版社的内容资源数字化管理

彭向阳

（社会科学文献出版社，北京 100029）

摘　要：本文在对"数字内容管理"和"内容资源数字化管理"进行区分与界定的基础上，指出了国内学术出版社数字内容管理方面存在的问题，主要包括：数字化整合与管理的手段落后和水平低下、人力和资金的大量浪费；大量高质量的学术内容资源尚未数字化或数字化程度不高、价值被埋没；学术研究成果难与国际接轨，阻碍了中国学术国际话语权和影响力的提高。最后，本文探讨了学术出版社数字内容管理的平台方案，该平台主要包括数字内容存储平台，数字内容编校平台，数字内容发布平台，常用工作平台和系统管理平台等五个子平台，该平台的主要功能包括资源采集加工，资源归类、拆分、存储，基础文件管理，元数据生命周期管理，协同编辑，文本语义分析与挖掘，自动化排版和多媒体发布等，并与出版社已有的 ERP 系统、CRM 和发行销售等系统无缝对接。作者认为，学术出版社数字内容管理的成功，将有助于重塑新型出版产业链，使出版单位成为整个数字出版产业链的统筹规划者，即"数字媒体的主体"。

关键词：学术出版社　数字内容管理　数字出版

出版业属内容产业范畴，创新性的内容是出版业的立身之本，内容资源是出版单位做好出版工作的核心保障，数字内容管理受到越来越多的出版单位的重视。数字出版是一个中国化的概念，2005 年"数字出版"（Digital Publishing）首先在中国亮相，其标志是"首届中国数字出版博览会"，该名词的产生主要由于我国是严格地按介质形态来区分行业和划分管理权限的。而在国外，使用更多的概念是"数字内容产业"（Digital

Content Industry）或"数字内容管理"（Digital Content Management），从这里也可以看出数字内容资源管理对数字出版的重要性。

一 重要概念的界定

（一）数字内容管理

由于出版单位长久以来对"内容"的重视，以及一系列与"内容"有关的称呼，例如内容创作、编校内容、传播内容等，因此国内出版单位更喜欢将数字内容资源的管理称为"数字内容管理"，这也与国际上经常使用数字内容管理、数字内容产业的用语有关。虽然也说"数字资产管理"，但是并不普遍，"数字资产管理"的说法在国外出版单位、国内新闻单位、印刷单位以及互联网企业用得更普遍。笔者认为，虽然名词的使用代表了出版单位对"内容资源"的资产化认识并不充分，市场经济商业观念赶不上其他单位，但主要原因是行业习惯、历史传承。本文对"数字内容管理"与"数字资产管理"不作区分。

"数字内容管理"，就是利用数字技术实现对数字内容的有效管理，使出版机构的内容资产得以保值增值，提高出版单位的数字化水平，各种数字产品的策划和开发建设应能基于此而实现。它有两个基础，一个是"一个大型的数据库，它将各种格式的数字文件按类别作好索引并存储，以方便用户进行查询和输出"[1]，另一个便是XML。"出版社数字内容管理平台包括数字内容库、数字内容管理系统和数字内容发布系统。"[2] "数字内容管理的过程特征涵盖了数字内容活动的全过程，包括内容的产生、记录、传播、收集、处理、存储、检索、传递、分析、选择、评价、利用、销毁等。"[3]

"在数字出版时代，出版社还必须更深地认识内容为王这一理念：仅有内容资源远远不够，还必须有强大的内容整合能力，把一系列具有市场

---

[1] 潘晓山：《数字资产管理的应用》，《今日印刷》2003年第2期。
[2] 陈洁：《出版社数字内容管理平台的构架与实施》，《科技与出版》2009年第1期。
[3] 刘棠丽、高麟鹏：《基于内容的数字内容标识描述机制》，《标准化研究》2011年第8期。

优势的产品内容整合成新的产品,这才能占据更大的市场。"①

(二) 内容资源数字化管理

"内容资源数字化管理"就是采用数字化手段管理出版社的内容资源,管理的对象主要是数字内容资源,但也包括承载在纸质载体之上的内容资源,管理对象的范围取决于出版社内容资源的价值、权力的归属和数字出版的发展战略。通过数字化手段管理非数字化的内容资源是中国出版单位今后较长时间内的必要业务内容。内容资源数字化管理就是在企业流程重组和数字出版业务全面发展的基础上,经过资源梳理和版权洽谈,通过数据加工和内容资源数字化管理平台,对出版社的内容资源进行综合管理和深度开发,使分散的内容资源"得到充分利用,实现出版资源的最优配置,挖掘内容资源的潜在价值"。②

二 学术出版社数字内容管理中存在的问题

国内一些大型或很有特色的学术出版社已经在数字内容管理方面探索了很长时间,也取得了一定的业绩,但是如下三个问题亟须得到解决。

(1) 国内学术出版社对已出版的内容资源进行数字化整合和管理的手段落后、水平低下,造成人力和资金的大量浪费。

学术出版社目前对自己拥有版权的内容资源都进行了一些数字化处理的尝试,但是绝大部分局限于文件格式的转化、低水平的知识展现、毫无互动的粗放型的知识产品提供。对已有内容资源进行数字化加工和管理,主要是进行"二次制作",这需要耗费大量的人力、物力和资金等。因此学术出版社从一开始就要将内容资源有策略地、适度数字化处理,并结合相关学科的数字化规范标准,对内容资源拆分,进行半结构化和结构化处理等。

(2) 大量高质量的学术内容资源尚未数字化或数字化程度不高,价值被埋没。

受传统纸质出版和相关科研成果评价指标体系的束缚,"通过网络发

---

① 翁容:《出版业如何应对数字出版》,《广东省社会主义学院学报》2010年4月。
② 刘灿姣、董光磊:《出版企业数字内容管理问题与对策》,《出版发行研究》2010年第7期。

表的学术成果还没有纳入一定的评价机制里面去，从而影响更多优秀学术成果在网络上的传播"①。目前我国的教研机构只是把少量符合出版单位选题要求的内容资源出版成为图书、期刊或电子音像出版物等，但是仍然有大量的文字、图片、音视频等内容资源被废弃或无法得到有效的利用，其中第一手调查资料、珍贵的照片和音视频、原始的数据等都是不可再生的珍稀知识资源。而学术出版社也没有主动出击，没有通过数字化手段整合和分享传播这些学术资源。"据研究显示，世界上95%以上产品技术的情报来源于灰色文献。高校和科研机构具有大量的智力产出，其中就含有数量可观的灰色文献。"②整合这些"灰色文献"对中国学术出版社来说，是一种机遇，更是一种社会责任。

（3）有关中国经济社会发展现状的研究成果，难以与国际数字化知识传播渠道对接，阻碍了中国学术的国际话语权和影响力的提高。

造成这种现象的原因是多方面的，包括知识成果存储、编辑和发布的平台建设不规范，不遵守国际技术标准，开放性不高，与其他系统无法实现不同层面的应用整合，平台设计没有适度的前瞻性，没有考虑信息技术的发展等。

三　学术出版社数字内容管理的平台方案

学术出版社数字内容管理主要包括三部分工作（见图1）：内容资源梳理和版权商务洽谈，数据加工，数字内容管理平台的建设与运行。笔者在《专业出版社的内容资源数字化管理》等文章中已对前两部分工作做了较详细描述，本文主要阐述数字内容管理平台的设计方案。"内容资源梳理和版权商务洽谈"与"数据加工"共同组成了内容资源的采集处理，为将"内容资源进行标准化整理入库，做到集中存储和内部关联，将生语料加工成熟语料"③打好牢固的基础。接下来我们需要"以支持新商业模式的

---

① 陈少华、黄晓薇：《现行评价机制对网络学术出版的影响与对策》，《出版科学》2005年第6期。
② 郎庆华：《泛在知识环境下机构知识库数字资源的类型、特点及内容建设》，《农业图书情报学刊》2011年第11期。
③ 董言笑、周澍民：《出版社内容资源数字化管理及应用》，《青年记者》2010年10月（下）。

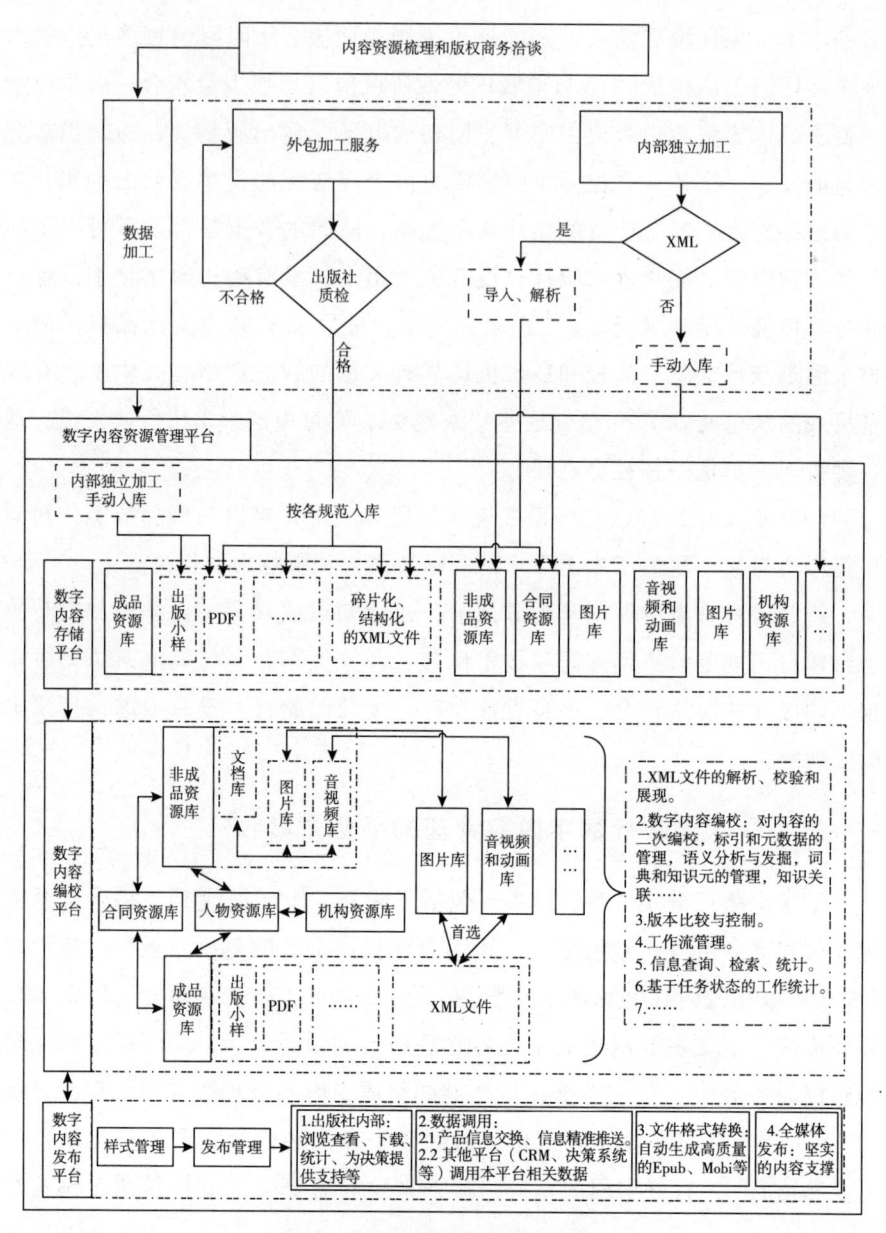

图 1　学术出版社数字内容管理

快速部署与变化为出发点来建设内容资源管理系统"①，"一方面不断推出

---

① 窦林卿：《"内容资源管理系统"的2.0时代》（上），《出版参考》2011年3月下旬刊。

新的内容产品,形成新的内容资源;另一方面对原有的内容资源进行深度挖掘和重组利用,以适应新媒体应用,体现出更多的价值"①。

数字内容管理平台应是基于 XML 技术的面向学术内容资源的数字化整合、协同编辑、灵活管理和多媒体发布平台,是一整套具有高度扩展性和开放性的业务运营基础支撑平台。该平台的主要功能包括资源采集加工、资源归类、拆分、存储,基础文件管理,元数据生命周期管理,协同编辑,文本语义分析与挖掘,自动化排版和多媒体发布等,并与出版社已有的 ERP 系统、CRM 和发行销售等系统无缝对接。

(一) 数字内容存储平台

该平台主要包括成品资源库、非成品资源库、图片库、音视频和动画库、合同资源库、人物资源库、机构资源库、词典资源库等。

(1) 成品资源库主要管理已经正式出版的产品的文档。文档主要包括排版文件、PDF、XML 和 WORD 等。成品资源库中的图片、音视频和动画要同时入库到图片库、音视频和动画库,并保留文件的来源等信息。成品的版权信息、作者信息和作者所在工作单位的数据信息要与合同资源库、人物资源库和机构资源库做双向的对接。基于成品资源库中的内容来新建、修改完善词典资源库中的词典种类及具体内容。

对信息进行分类是实现内容资源表达、交换、集成的基础,出版社的内容资源分类是涉及多学科、多专业的综合性技术。科学合理的分类有助于内容资源的检索、查找、统计和管理等。根据不同的目的和用途,内容资源的分类方法也不尽相同。在拟定学术内容资源分类体系时,要首先确定分类的用途,立足于出版社整个业务、学术内容资源整合与分享的高度来确立分类的依据,然后参考现有的中国图书馆分类法、教育部学科分类法和国民经济领域分类体系等来建立自己的内容资源分类标准。国家图书馆制定的《中国图书馆分类法》及《中国分类主题词表》,仍然是国内图书文献进行主题分类的重要规范标准。新闻出版总署的行业标准《出版物类型代码》,将出版物按照载体的不同分为固化载体出版物和非固化载体

---

① 周建宝:《对数字出版发展的思考》,《印刷杂志》2011 年第 4 期。

出版物，而将非固化载体出版物又分为数字图书、数字报纸、数字期刊/数字杂志、数字音频、数字视频、数字多媒体、数据库和其他非固态出版物。①《高等学校图书馆数字资源计量指南》（2004年）根据目前高校图书馆的实际情况，将数字资源划分为四种类型：电子书（包括学位论文及其他类似的出版物），电子刊（包括其他类似刊的出版物），二次文献数据库（包括题录、文摘、索引等），其他数据库。②"这种划分方式是以具体文献为单元而非以数据库为单元的，便于梳理各类数字资源的情况，能够更加详尽地反映出一个图书馆数字资源建设的具体情况，是比较科学和符合实际情况的。"③ 但也有学者认为，"对于各类型资源的定义和内容描述过于简单。概念与内涵的明确界定可有效减少理解上的歧义，因此应进一步明晰、确保计量的统一和准确。"④

（2）非成品资源库主要管理没有正式出版的各种文档。该库最能体现专业学术出版单位在数字出版时代主动整合社内外资源的倡议精神。该库的一条信息可以对应多个文档，不对具体文档做碎片化处理，但是需要标注文档的摘要、关键词、作者信息、版权信息等。与成品资源库一样，非成品资源库中的图片、音视频和动画、版权信息等也要与其他库做好对接。

（3）图片库以及音视频和动画库是为了充分实现图片、音视频和动画的多次重复利用，并不断拓展数字产品的表现形式和内容丰富程度。除了成品资源库和非成品资源库中的相关文件外，出版社在生产经营和市场营销活动中拍摄的图片、视频和宣传动画等都可以直接入库。每个文件至少包括标题、描述、关键词、作者信息和版权信息等，并同时与合同资源库、作者资源库和机构资源库等做好对接。

（4）合同资源库主要管理出版合同、版权授予合同和其他与产品有直

---

① 参见郝振省主编《2009—2010中国数字出版产业年度报告》，中国书籍出版社，2011，第323页。
② 参见《高等学校图书馆数字资源计量指南》（2004年）：http://www.lib.xjtu.edu.cn/lib75/tugongwei/tongji_zhn.htm。
③ 徐革：《基于图书馆基础架构的电子资源利用统计结构》，《现代图书情报技术》2006年第6期。
④ 刘葵波、章华：《〈高等学校图书馆数字资源计量指南〉评析及其实际应用研究》，《图书馆建设》2010年第2期。

接关系的合同，既要管理合同文件，又要管理合同内容；既能查阅某个产品的所有合同，又能查阅某一合同所对应的多个产品；既能在对外合作中全面及时准确地掌握基于产品的各种权利的归属，以及在时间、地域和语种等方面的限制，又能在内部管理中掌握产品的负责人和所属责任部门等信息。

（5）人物资源库主要管理出版社签约作者、未与出版社合作的相关学科领域的知名专家学者的信息。一条人物信息至少包括姓名、性别、学习经历、工作经历、成果、重大基金、关系人等。

（6）机构资源库主要管理专家学者所在工作单位的信息。

（7）词典资源库的介绍及日常管理，会在"内容资源数字化编校平台"做对应的阐述。

在数字内容存储平台建设过程中，也需要逐步解决"数字资源唯一标识"（DOI）的问题。随着计算机技术和信息技术的发展，人们获取信息资源的方式也不断丰富和多样化，"数字资源唯一标识"就是为了在数字环境下快捷查找到数字内容资源并进行版权保护监管等。在国外，被广泛使用的对数字资源进行标识的系统是 DOI 系统。1998 年美国出版协会（AAP）创立非营利性组织 IDF，IDF 在美国全国研究创新联合会（CNRI）的配合下，制定了 DOI 标准和相应的解析系统 Handle System。2012 年 5 月 1 日，《ISO 26324 信息与文档——数字对象唯一标识符系统》（ISO 26324 Information and Documentation—Digital Object Identifier System，简称"DOI 系统"）由 ISO（国际标准化组织）正式出版印刷，并在 ISO 官网发布。我国主要的数字内容技术和服务提供商，如清华同方、万方数据和方正阿帕比等都对内部的数字资源采用各自的唯一标识符方案，但国内并没有形成唯一标识符的统一规范，各家唯一标识符只能在各自资源范围内发挥作用，也没有建立相应的解析系统和管理机制。学术出版社建立自己的数字内容唯一标识符标准体系和运行管理机制，就需要结合 DOI 和 Content ID（内容身份证，由日本 cIDf 创建，目的为数字内容赋予唯一标识符以实现数字版权保护）等系统，学习国内有关公司的现行经验，然后落实到自己的数字内容管理业务的实践中。

数字内容存储平台的各个库的数据列表页或最终内容页，可灵活设置展现的字段；合理处理簇聚索引和非簇聚索引，在数据列表页中，可依据某个字段或多个字段进行数据排序或筛选；各个子库，能够依据单个或多个字段，进行精确或模糊检索，也可全文检索；对列表页的数据，可批量导出……

(二) 数字内容编校平台

本平台主要基于 XML 技术，通过可视化界面对内容进行编校，具有了协同编辑（又称协同编著、协同写作）平台的基本特点：由多人参与一个文档的编辑过程，允许一组地理位置分散的用户通过网络连接同步或者异步地对文档进行查看和编辑，同时支持同步协同编辑器和异步协同编辑器。具体来说，该平台具有以下六项主要功能，并要求数字内容编辑或新媒体编辑"既要具有传统编辑的基本功，又要掌握新媒体编辑的科技手段"[1]。

(1) 文件解析和展现。依据在"数据加工"阶段制定的 DTD 或 Schema，对数字内容存储平台中的 XML 文件进行解析，并通过手工和技术相结合的方式对数据加工的结果进行检查。平台能够整体和碎片化地展现文件。

(2) 内容的二次编校。数字内容编辑可以通过平台对内容本身进行编校，例如修改文字性错误或事实性错误等。同时，数字内容编辑可以基于已有的内容素材、依据不同的主题或用途，重新组合成甚至创作出新的内容资源。

(3) 标引。数字内容编辑可以对内容资源进行整体标引、全面标引、重点标引、补充标引、综合标引与分拆标引。[2] 在具体实践中，又分为两部分：一部分是依据之前制定的元数据规范，在数据加工工作的基础上，对 XML 文件进行增删改标签以及标签的属性和属性值；另一部分是依据不同的主题词表进行标引。标引工作的质量主要取决于三个方面的因素：标引工作的组织管理、具体标引人员的业务素质和标引词表本身的质量。

(4) 词典资源库的管理。本资源库是为了更好地管理内容资源知识

---

[1] 陈超英：《传统出版社向数字出版跨越的三条路径》，《出版发行研究》2010 年第 7 期。
[2] 中华人民共和国国家质量监督检查检疫总局、中国国家标准化管理委员会：《文献主题标引规则》，GB/T3860—2009。

点、知识词汇，为内容资源进一步精细化管理、知识重组、前台用户检索提供周全、贴心的词典资源支持。基于本平台的内容资源而自建词典，也根据受众在数字产品检索中所输入的关键词或短语来不断调整完善已有的词表，并进行上位词、下位词、关联词和排斥词等的编校，支持自动查重、自动或手动关联、自动或手动聚合分类等。

（5）语义分析与文本发掘。"数字资源整合范围与规模不断扩大、知识整合是数字资源整合的主流趋势，语义网/知识网格将成为数字资源整合的最终归宿。"[①] 通过相关语义分析技术，能够自动针对不同的内容资源自动标引、抽取关键词和描述等，进而不断修改完善本平台的标引词表、词典等，并能为内容资源重组、产品策划等提供建议，这样出版社生产出传统的内容产品以后，就可以根据用户的个性化需求重新整合，使得出版社内容资源的利用率得以提高，从而有利于创新赢利模式。

（6）知识关联。数字出版的一个重要发展趋势就是对已有内容的再利用和对相关内容及知识的关联的揭示。我们可以通过数据发掘技术、知识管理与知识表达等技术来实现对已有数字内容资源的理解和存储。本平台的知识关联可依据多种因素——内容或语义（主题或学科研究领域等）、人际关系（师徒、同学或同事等）、引用与被引用等，"对所存储的复合数字对象进行语义存交，以便能很好地揭示数字资源之间的关系"[②]。通过这项工作，就可以解决"出版社内容关联往往只停留在产品这一层次，细化到产品内部，即内容单元之间的关联并没有建立起来，使用者想要跨产品地查询一组相关联的内容单元较难实现，费时费力"[③] 等问题。

（三）数字内容发布平台

"多元化发布"是前期的数据加工和内容资源的数字化编校的延伸，这样内容资源就可以实现多媒体形式的复合出版，为产品选择其适合的出版形式，改变以前只能以纸质图书出版的状况，提供有特色的、创新性

[①] 马文锋、杜小惠：《数字资源整合的发展趋势》，《图书情报工作》2007年第7期。
[②] 郑磊、祝忠明：《复合数字对象语义存交研究及应用进展》，《现代图书情报技术》2011年第2期。
[③] 董言笑、周澍民：《出版社内容资源数字化管理及应用》，《青年记者》2010年第10期。

的、适合各种媒体特点的产品和服务。多元化发布也是基于对市场和用户需求的细分，遵循"专精特"的原则，为有不同需求的受众提供差异化、个性化的产品或服务。进一步说，为读者提供个性化的内容全面解决方案，通过用户体验的提升，强化客户关系并可持续发展，从而增强品牌的知名度、美誉度和忠诚度，最终完成出版社由传统品牌到数字品牌的延续。内容资源数字化发布平台也就是多元化发布的支撑平台，主要包括样式管理和发布管理两个方面。

（1）样式管理。样式和内容独立；单个样式表中支持 Web、打印、PDF、Word 和 HTML 等多种输出类型；样式可重用，避免重复排版工作；能适应不同的发行渠道；能够完美地协同传统纸质出版；制定数字传输和交换标准。

（2）发布管理。可配置发布规则；支持多渠道、多格式、跨媒体的信息发布，自动从 XML 来源中将内容发布到 Web、纸质文档、PDF、Microsoft Word、HTML 和无线设备；支持复杂排版，自动生成目录、图形目录、表格目录和索引；支持信息推送、变更推送；支持通过自动化的组合和定制来创建动态文档；自动从 ERP 系统、CRM 系统等业务系统中提取和嵌入数据，例如用户数据、销售数据、学科发展情况的分析数据等。"要结合各种媒体的特点来开发新的文体、新的形式，而不是简单地把纸书的内容搬到其他媒体上。"[1] 同时能够"为读者提供基于知识结构的定制模式"[2]。

数字内容发布平台是出版社由内容资源提供商向内容资源集成运营商转变的重要路径，可以有效地减少对他方运营平台的依赖，降低受各种运营商挟持的可能。学术出版社一方面掌握核心资源，根据读者的需求组织、策划、生产高水平的出版物，同时储存高质量的作者资源和编辑资源；另一方面准确定位，采取差异化策略，把学术内容数字化整合与传播，形成专业品牌优势，成为某一领域的优胜者。

---

[1] 郝振省主编《2010—2011 中国出版业发展报告》，中国书籍出版社，2011，第 32 页。
[2] 宋洪川、张雅静：《专业社应建什么样的数字平台》，《出版参考》2011 年 12 月上旬刊。

（四）其他

常用工作平台也可称为"日常工作平台",是在线协同办公平台的"瘦身版",主要包括日程安排、任务管理、工作量统计、编校（项目）进度管理、快捷登录工作平台、内部消息通讯等。系统管理平台主要包括业务流程定制、日志管理、用户管理、数据安全和备份等,要基于平台不同业务模块的操作,建立开放、规范、科学合理的工作操作流程,既要体现出数字出版的灵活性和创新性,又要严格遵守"三审三校"质量保障工作的要求。

四　结语

学术出版社的数字内容资源管理的成功,将不仅能取得良好的社会文化效益和经济效益,也能为整个出版业积累成功的经验与模式,重塑新型出版产业链,增强出版单位在数字出版产业链上的地位和作用。当前我国的数字出版主要推动力量是技术提供商和平台运营商,而不是内容提供商。随着国内越来越多的出版单位转型成功,它们会重新成为整个数字出版产业链的统筹规划者,"成为数字媒体的主体"[①]。

Digital Content Management of Academic Press

Peng Xiangyang

(Social Sciences Academic Press, Beijing 100029, China)

Abstract: After distinguishing the "digital content management" and "content of digital resources management", the paper points out the problems in the digital content management of academic press, mainly including a low level of digital integration and management tools causing a lot of waste of human and fi-

---

[①] 陈生明编著《数字出版概论》,南京大学出版社,2011,第49页。

nancial resources, a large number of high-quality academic content resources not yet digitized or digital level not high and the academic value to be buried, academic research hard in docking with the international digital knowledge dissemination channels hindering the improvement of international voice and influence of the Chinese academic. Finally, the paper describes the platform of the digital content management. This platform is mainly constituted by digital content storage platform, digitized editing platform, digital content distribution platform, common working platform and system management platform. The main function of this platform contains the content resource acquisition and processing, the content resource classification, split and storage, basic file management, the metadata life cycle management, collaborative editing, text semantic analysis and mining, automated typesetting and multimedia publishing. What is more, the platform docks with ERP, CRM and other systems. Through this study and the implementation of the program, we can promote the reconstruction of the publishing industry chain and the return of the publishing unit status.

Keywords: academic press; digital content management; digital publishing

数字出版法律制度建设中应注意的问题[*]

黄先蓉　郝　婷

（武汉大学信息管理学院，武汉 430072）

摘　要：现阶段我国数字出版法律制度正处于不断健全和完善当中，构建数字出版法律制度是数字出版产业自身发展的需要，是与国际数字出版接轨的要求，以及保证我国文化安全的需要。在数字出版法律制度的建设过程中应注意数字出版法律法规体系的系统性问题、数字出版法律法规的可操作性问题、数字出版立法部门之间的协调性问题、选择合适的立法形式问题以及数字出版法律制度中的技术中立问题。

关键词：数字出版　法律制度　注意问题

数字出版法律制度是出版行政部门依法调整与管理数字出版活动中各种关系的依据，对于数字出版产业的健康、稳定和可持续发展起到规范和保障的作用。数字出版在我国正处于初期发展阶段，虽然短短几年内产值突飞猛进，并成为我国新闻出版产业快速发展的重要推动力和新的经济增长点，但其面临的盗版与知识产权保护困境、市场竞争秩序混乱等问题亟须相关的法律法规进行规范和调节，因此构建与我国数字出版发展相适应的、完善的法律制度成为当务之急。

一　数字出版法律制度现状分析

现阶段，基于技术和市场需求的数字出版产业在我国既呈现出蓬勃发

---

[*] 本文是教育部人文社会科学重点研究基地重大项目"中外数字出版法律制度研究"（11JJD820005）和武汉大学自主科研项目（人文社会科学）的研究成果，得到"中央高校基本科研业务费专项资金"的资助。

展的态势，也处于不断洗牌、市场格局初步形成的关键时期。为了保障和推动我国数字出版产业在良好的市场竞争环境中稳健发展，数字出版法律制度建设受到各级政府的高度重视，数字出版法律体系正处于不断健全和完善之中。如在著作权领域已初步形成以《中华人民共和国著作权法》为核心，以行政法规、地方法规、政府规章、部门规章以及国际公约为补充的较为完备的著作权法律保护体系。其中法律包括《中华人民共和国著作权法》；行政法规包括《中华人民共和国著作权法实施条例》《计算机软件保护条例》《著作权集体管理条例》《信息网络传播权保护条例》等；部门规章包括《著作权行政处罚实施办法》《互联网著作权行政保护办法》；司法解释包括《最高人民法院、最高人民检察院关于办理侵犯知识产权刑事案件具体应用法律若干问题的解释》《最高人民法院、最高人民检察院关于办理侵犯知识产权刑事案件具体应用法律若干问题的解释（二）》《最高人民法院关于审理著作权民事纠纷案件适用法律若干问题的解释》《最高人民法院关于审理涉及计算机网络著作权纠纷案件适用法律若干问题的解释》等；以及国际公约《世界知识产权组织版权条约》（WCT）和《世界知识产权组织表演和录音制品条约》（WPPT）等。

另外，为了适应数字出版发展带来的新情况、体现发展的新特点和新趋势，各级政府也在积极研究、制定修订有关数字出版其他领域的法律法规，如新闻出版总署 2010 年颁布的《关于加快我国数字出版产业发展的若干意见》指出："要加快修订《互联网出版管理暂行规定》等法律法规，制定发布《手机媒体出版服务管理办法》《数据库出版服务管理办法》《互联网文学出版服务管理办法》和《互联网游戏审批管理细则》等部门规章……"

虽然我国各级政府部门都在积极应对数字技术带给出版业的挑战，研制和颁布有关数字出版的法律法规，使数字出版产业向着规范和有序的方向发展，但目前我国有关数字出版的法律法规也存在一些问题，如缺乏总体规划，立法相对分散；法律层次不够完善，行政法规比例偏低；法律制度建设相对滞后，存在很多空白领域；一些基本概念尚未厘清，一些条文内容规定过时或是不甚合理；现有法律法规原则性指导多，可操作性不强；等等。

二 构建数字出版法律制度的必要性

数字出版作为出版业的一种新业态，其主要特征表现为内容生产数字化、管理过程数字化、产品形态数字化和传播渠道数字化。目前数字出版的产品形态主要包括电子图书、数字报纸、数字期刊、网络原创文学、网络教育出版物、数据库出版物、手机出版物等。随着数字出版规模的迅速扩大，形态逐渐完备，产品日益丰富，技术不断创新以及出版主体的多元化，出版活动中产生了新的经济关系和社会关系，需要制定数字出版法律法规来对其进行调整和规范。

（一）数字出版产业自身发展的需要

数字出版法律制度的建设是由技术的发展以及市场的需求决定的。首先，由于数字出版产业链条上的参与主体众多，导致利益分配的博弈非常激烈，无论是传统出版单位、数字技术商、网络运营商还是平台运营商等，都试图在未来的产业链利益分配中分得较大的份额，各自为政的做法导致生产无序和资源浪费，数字出版的竞争环境相当混乱。这就需要制定相关数字出版法律法规来规制各参与主体的行为，保障数字出版良好的市场秩序，促进利益的合理分配。其次，数字出版法律法规需求的形成与技术的创新、开发、引进、选择和应用日益密不可分。技术对于出版业的发展具有重大的影响，技术的进步改变了传统出版业的生产、传播和消费方式。同时，随着技术的开发和应用，数字出版领域的经济关系和社会关系开始变得多样化，这些关系常常因人力的不正当作用而被扭曲，产生矛盾和冲突。数字出版业所面临的严峻的盗版和版权保护困境就需要相关法律法规来维护，以便在追求社会效益的基础上追求经济效益，兼顾技术发展。

（二）与国际数字出版业接轨的要求

数字技术、信息网络技术的发展及国际的互通互联，加快了信息与知识的传递与交流，促进了数字出版资源在全球范围内的自由流动与统一配置，推动了文化、经济、政治等领域国际合作的发展繁荣，使各国间的相互影响逐渐加深，形成了一种更加直接和紧密的内在联系。当前，全球出版业正在经历新一轮技术革命，数字出版已经成为世界出版大国强国的战略选择。在我国出版业同世界出版业之间的竞争与合作、交流与碰撞更加频繁的背景下，数字出版领域也会成为未来我国出版业参与国际竞争的主战场。

我国数字出版正越来越多地融入世界文化贸易市场，从保护国有资本和出版行业的角度出发，不论是外资进入我国出版领域还是国资进入海外市场，都存在着相互合作、相互制衡的内在需求，这就需要数字出版法律法规对其进行调整与规范，以避免引起国际贸易摩擦等问题。数字出版要想谋求在国际国内两种资源和两个市场上的长足发展，适应国际竞争，就必须将视野扩大到全球范围，在充分考虑国际法、国际惯例和国家其他法律法规有关规定的基础上，构建起与国际接轨的数字出版法律制度。

（三）保护我国文化安全的需要

文化是民族的灵魂和血脉，是一个国家综合国力的重要标志之一，当前文化领域已经成为国际政治斗争和意识形态较量的主战场[1]。数字出版代表的是一种全新的文化方式和消费趋势，数字文化内容是全球性的跨国传播，数字化的信息和知识传播方式一方面有利于促进不同民族间思想文化和价值观念的交流与融合，让现实的文化知识需求得到满足，让古老的文化、民族精神得以弘扬，有助于缩小乃至消除因为地域差异带来的人类彼此之间的隔阂与差距[2]；另一方面由于数字技术、网络化先进的传播手段和强大的传播能力，民族文化也将面临更多外来文化的冲击。这主要源于数字出版是以先进的技术手段为依托，计算机网络的发展以及普及程度的不均衡必然导致数字出版资源的分布不均。发达国家利用其经济实力和技术优势，通过数字媒体在全球范围内传播它们的价值观念，进行文化和经济渗透，这使得广大发展中国家在进入数字出版这一领域时处于十分不利的境地。数字出版事关我国文化事业的建设、意识形态和价值观安全、

---

[1] 黄先蓉：《数字环境下的出版业政府规制与制度创新》，数字出版与出版教育"第二届数字时代出版产业发展与人才培养国际学术研讨会"，2009年4月。

[2] 陈生明：《数字出版理论与实践》，人民教育出版社，2009。

政治稳定和社会安定，通过制定数字出版法律制度保证我国的文化安全是十分必要的。

三　数字出版法律制度建设中应注意的主要问题

随着技术的不断发展以及数字出版资源的开发利用，数字出版产业的发展，数字出版市场的建立和管理以及数字出版主体、客体和涉及领域的多元化，数字出版活动中的经济关系和社会关系复杂而多样，这就要求在数字出版法律制度的建设过程中应注意数字出版法律法规体系的系统性问题、数字出版法律法规的可操作性问题、数字出版立法部门之间的协调性问题、选择合适的立法形式问题以及数字出版法律制度中的技术中立问题。

（一）数字出版法律法规体系的系统性问题

现阶段我国数字出版法律法规体系的建设还处于完善阶段，体系的建设应当看作是一个系统化的软工程。在数字出版法律制度建设的过程中应注意从系统的角度出发，尽可能全面且有重点地反映信息领域多样化的经济关系和社会关系，达到多层次结构和综合性的目标。

从纵向上看，数字出版法律法规体系是一种层次结构，根据立法机关和制定程序的不同、法的效力和适用范围的差别，数字出版法律法规体系纵向上可以分为宪法、法律、行政法规、行政规章、地方性法规规章、法律解释、国际条约七个层级。各种层次的法律法规上下兼容、层层嵌套，并逐级具体化，要求下一级立法应与上一级立法以及更高级的立法保持一致，下位法的相关条文是这些上位类法律法规具体化、交叉和深化的结果。我国数字出版法律层次还不够完善，当前《出版管理条例》是调整数字出版市场的最高行政法规，而较低层次的部门规章则占主导，行政法规比例过低[①]。从横向上看，各类数字出版法律法规具有不同的立法目标或调节对象，该体系又是一种联系结构，不同类型的法律法规应相互配套、相辅相成，并各具特色。经过科学组织的数字出版法律法规体系在整体功

[①] 黄先蓉：《我国出版宏观管理的现状、问题及对策研究》，《出版科学》2008年第3期。

能上应远远大于各具体法律法规功能之和，体系的系统性有助于实现最优的系统效应目标，避免法律法规之间不必要的矛盾和冲突。

（二）数字出版法律法规的可操作性问题

在数字出版立法中，不能仅仅局限于作原则性的解释，而应该更多地考虑具体司法实践的可行性，使法律条文进一步明确、细化，具有较强的可操作性。现阶段我国调整数字出版活动的有关法律法规中，部分条文存在概念模糊、界定不清等问题，给司法实践带来很大困难。如在2011年发生的百度文库侵权案件中，百度就坚称百度文库适用《信息网络传播权保护条例》第22、23条对于"避风港规则"的规定，其对作者上传的作品没有审核的义务，属于"不知道也没有合理的理由应当知道"服务对象提供的作品侵权，因此也不应承担侵权责任[①]。这实际上是对法律条文的一种故意误读。

其实自2006年《信息网络传播权保护条例》颁布至今，对于"避风港规则"及其例外"红旗"标准就一直存在很大争议，如"明知则侵权，反之，不明知则可以豁免"，对于网站到底是明知还是不明知，缺乏一定的判断方法，取证难，这个恐怕只有靠网站自己承认是否明知了[②]。相较之下，2011年由最高人民法院、最高人民检察院与公安部颁布的《关于办理侵犯知识产权刑事案件适用法律若干问题的意见》第11条就非常明确规定了网络侵权人的归责标准："在涉案作品种类众多且权利人分散的案件中，上述证据确实难以一一取得，但有证据证明涉案复制品系非法出版、复制发行的，且出版者、复制发行者不能提供获得著作权人许可的相关证明材料的，可以认定为'未经著作权人许可'。但是，有证据证明权利人放弃权利、涉案作品的著作权不受我国著作权法保护，或者著作权保护期限已经届满的除外。"这样明确的条文就有助于司法实践，也避免了个别网站故意曲解立法本意，逃避主动审核责任行为的发生。

---

① 张洪波：《2010年以来网络著作权4大纠纷案评析》，《中国图书商报》2011年3月22日。

② 郝婷：《我国数字出版法律制度的现状、问题及对策研究》，《中国出版》2011年第8期。

（三）数字出版立法部门的协调性问题

数字出版是技术和内容相融合的产物，承载着重要的文化交流功能和产业经济功能，也承担着较大的社会责任和文化意识形态任务，因此政府各有关部门都在制定相关规定引导和调整数字出版的良性发展。综观我国目前有关调节数字出版的法律法规，颁布主体包括国务院、文化部、新闻出版总署、广电总局、工业和信息化部以及其他国家机关等在内的各部委，立法主体众多，立法结构混乱，影响了我国数字出版法律法规体系的系统性和规范性。

因此，在数字出版法律制度建设中应注意数字出版立法部门之间的协调。第一，应当设立专职的数字出版管理部门，对数字出版立法进行周密的统一规划，使得数字出版法律法规体系不仅能够在纵向上保持一定的层次比例，而且在横向上能较为全面地涵盖各类数字出版领域。第二，在数字出版立法规划的实施过程中，应在数字出版管理部门的领导下，发挥部门合力，组织各部委或其他立法机构，针对其所管辖业务范围分工起草有关数字出版法律法规。在起草过程中，各立法机构之间应保持一定的联系，及时沟通信息、交换意见，以免造成立法内容重复或相互抵触的问题。数字出版管理部门负责汇总、监督检查、组织协调，保证数字出版立法工作顺利进行。第三，在立法过程中不能忽视地方行政机关，应与地方立法部门保持一定的联系与沟通，使得全国性数字出版法律法规一旦通过，地方立法能紧紧跟上，并与之配套。此外，由于数字技术发展的不均衡，我国数字出版产业存在着东部与中西部地区发展不平衡的状况。因此在有关立法方面，也可以尝试采取地方立法部门（如我国数字出版起步较早、发展较好的北京、上海等）的先行探索与中央政府的适时统一相结合策略。

（四）选择合适的立法形式问题

从现行数字出版法律法规的形成过程看，主要有三种渊源：一是在现有的国家法律中作相应的修改和补充，使其适应技术发展的需要，如全国人民代表大会常务委员会2001年修订的《中华人民共和国著作权法》中增加了信息网络传播权;二是在我国现有法律法规的基础上另行制定专门的法规,如为了加强对电子出版物出版活动的管理,促进电子出版事业的健康发展与繁荣,2008年新闻出版总署颁布了《电子出版物出版管理规定》;为了规范我国数字印刷经营活动,促进数字印刷业健康发展,新闻出版总署于2011年颁布了《数字印刷管理办法》等;三是我国还颁布了一些有关的法规性文件和政府规章,对已经发生的但由于种种原因目前暂时还没有通过立法来调整的现实问题予以引导和规范,如2010年新闻出版总署发布的《关于发展电子书产业的意见》,拟对从事电子书相关业务的企业实施分类审批和管理等。

我国数字出版正处于初期发展阶段,数字出版法律法规的制定应注意立足现实,针对不同情况选择不同的立法形式。如针对数字出版出现的新产品形态所形成的新业态如手机出版、数据库出版等,应专门立法用以引导和调整;针对在传统出版业就已经存在的如著作权保护问题,在规范数字出版著作权时,就可以采取对现有法律法规进行修改和补充的方式调整,如通过修订《著作权法》,对数字版权的相关问题作出细化、明确的规定,同时修改和WCT、WPPT规定相统一又与我国著作权法相配合的其他行政法规和部门规章。这种立法形式成本较低,司法操作也相对容易,更符合我国实际。

(五) 数字出版法律制度中的技术中立问题

数字出版法律法规是由国家立法部门制定与认可的有关数字出版活动的行为规范,它的制定、修改或废止都要经过严格的法定程序,一般周期较长,时效较长,具有相当的稳定性。而作为推动数字出版发展原动力的技术的发展却是日新月异的。立法总是滞后于技术的发展,因此就要注意在数字出版法律制度中体现"技术中立"的思想,使数字出版法律法规能够适应不断发展的技术,在对数字出版活动进行规范和调节的过程中能够经受住技术发展的考验。可以参考的做法有:第一,在具体的立法中排除技术因素的影响,即在法律法规中不包含技术规定;第二,将技术标准纳入数字出版法律法规中,即在法律法规中加入具体的技术标准,使标准成为法律法规的技术支撑。因为标准的制定程序比较简单也相对较快,在协商一致的基础上达成即可，能及时反映技术的更新和市场新的需求。在法律法规中采用不注明日期引用标准的模式，随着技术发展的需要可以很快实现对于标准的修订，法律法规将会相应适用于最新的技术标准，灵活地解决法律法规的技术适应性问题。

Some Problems in the Construction of Digital Publishing Legal System

HAUNG Xianrong, HAO Ting

(School of Information Management, Wuhan University, Wuhan 430072, China)

Abstract: Digital publishing legal system in China is in constantly improving and perfecting at present. Building the digital publishing legal system needs to develop digital publishing industry, make the international digital publishing and ensure the cultural security in China. In construction process of the digital publishing legal system, we should pay attention to some problems: the systemic problems of the digital publishing legal system, the operability problems of the digital publishing regulations, the coordinated problems among the legislative agencies, selecting the appropriate legislative form and maintaining the neutral technology in the process of legislation.

Keywords: digital publishing; legal system; noting problems

Web2.0时代的"微"革命[*]
——微博传播模式调查研究

刘一鸣　李　薇

（中南大学，长沙 410083）

摘　要：媒介是社会发展的基本动力，也是区分不同社会形态的标志，每一种崭新媒介的产生与运用，宣告我们进入了一个新的时代。在Web2.0时代，微博借助新型互联网的"多对多"及"用户创造内容"的传播特点，显示了其强大的传播力和社会舆论影响力。除此之外，微博本身所具有的低门槛、"随时随地"的高灵活性、裂变式的传播方式以及简便快捷的信息交互方式等传播特点是其迅速走红网络的内因。

关键词：微博　传播模式　Web2.0时代　裂变传播

一　研究背景

2006年，博客技术先驱blogger.com创始人埃文·威廉姆斯创建的新公司在大洋彼岸推出了Twitter服务。从此这种被称为"微博"的东西开始在互联网上掀起一场传播的革命。从2007年中国第一家带有微博色彩的饭否网开张，到2009年，微博这个全新的名词，以摧枯拉朽的姿态扫荡世界，打败奥巴马、甲流等名词，成为全世界最流行的词语。2009年7月中旬开始，国内大批老牌微博产品（饭否、腾讯滔滔等）停止运营，一些新产品开始进入人们的视野：如2009年1月开放的大围脖，6月开放的Follow5，7月开放的贫嘴，8月开放的新浪微博。其中Follow5在2009年7月

---

[*] 湖南省教育厅一般项目"新闻接受的美学研究"（编号：11C1246）研究成果。

19日孙楠大连演唱会上的亮相,是国内第一次将微博引入大型演艺活动,与Twitter当年的发展颇有几分神似。2010年国内微博迎来春天,微博像雨后春笋般崛起。根据相关公开资料,截至2010年1月,该产品在全球已经拥有7500万注册用户。随着国内微博市场的激烈竞争,四大门户的局面已经逐渐清晰:新浪、腾讯、网易、搜狐凭借各自得天独厚的优势成为国内微博市场的"四大门派"。

微博,这个看似并不起眼的网络"微"产品,几乎一夜之间便在全世界风生水起,迅速成为一道景观,带来了互联网应用的一场革命。我们在惊叹之余,更多的是思考。

综观互联网的发展,我们会发现它最了不起的地方便是促进了信息的流动。一种新的网络技术应用形态,只要可以解决人们通信的某种需要,便有机会成为一种趋势和潮流:Google提供的强大的信息检索,方便了人们对于海量信息的有效选择和掌控;Youtube提供了海量的视频分享;门户网站满足了人们"一站式"消费的需要;博客满足了人们自我表达的需要;等等。

那么微博又是借了怎样的"东风"或者身怀怎样的"绝技",而能够在互联网上"呼风唤雨",掀起一场传播的"革命"呢?以下是我们根据相关调查分析总结出的一些结论,意图诠释微博的传播模式,揭示微博背后的传播"秘诀"。

二 微博独特的传播机制

(一) Web2.0时代的到来

对于大多数互联网用户来说,现在需要满足的不仅仅是通过浏览器的窗口来看别人挂在网页上的内容,而且是要亲自参与网络内容的创造,并且实时地体会与他人交流这些"创造"所带来的乐趣。这就是Web2.0时代带给我们的新体验。Web1.0里,互联网内容是由少数编辑人员(或站长)定制的,比如各门户网站;而在Web2.0里,每个人都是内容的供稿者。受众既是参与者又是内容提供商,这是它大行其道的根本所在。Web2.0时代最先受到追捧的是博客,然而微博后来者居上,几乎在一夜之间走红网络，成为网民的"新宠"。其实个人主页在互联网早期就已经存在了，而个人日记和每日发表观点的专栏就更渊源久远了，其中到底蕴含着怎样的微妙差异呢？

其实，国内做得比较成功的互联网应用都是基于广播或者电子商务的，① 这也就是 Web1.0 的单向度传播模式（见图1）。在 Web2.0 时代，UGC（user generated content，使用者创造内容）已经取代了这种传播模式。

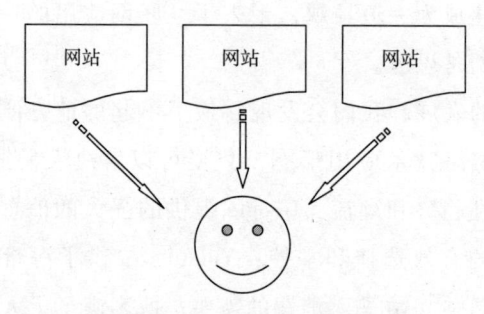

图1　Web1.0 时代的单向度传播模式

从图1我们可以看出：单向信息的传递中，信息的发布权集中在网站手中，网站主导着信息的内容，相对来说，用户处于比较被动的地位。

我们还发现每一个人既是信息的接受主体，又是信息的传播主体。网站的信息内容完全来自这些看似庞杂的网络，每一个受众便是一个多向度的信息"节点"。与单向度的信息传播不同的是，这种传播模式中，每个个体传播（或者接受）信息的自由度更大了，因为选择的空间被极大地扩展了。

而这一切似乎就是为微博量身打造的。

（二）"140 个字"的传播理论

为什么是 140 个字？这源于英文短信——一条短信的字数就是 140 个英文字母，我们中文是 70 个字（因为 1 个汉字占 2 个英文字节）。Twitter

---

① 站长之家，"为什么中国出不了 Facebook 和 Twitter？"，http：//www.chinaz.com/Webmaster/Club/051G1521R010.html。

是 140 个字母，我们"拿来"时，索性"照猫画虎"，跟着用 140 个字了。但问题是，为什么用一条短信作为微博的限制字数呢？

这就是微博的一个基本的理念，就是形成一种最简洁的互联网和手机的交互，它的关节点就是手机的参与，只要有一部可以上网的手机，你就可以第一时间发布你遇到的新闻事件，也可以宣泄情感。连通互联网和手机是微博最实质的东西，只有这样才能充分显示这种表达方式的功能与价值。

如图 2 所示，在本次调查中，有 26% 的人将手机作为发微博的首选方式。虽然首选电脑发微博的人还是占有绝对优势，但在智能手机还不是高度普及的情况下，这仍是一个非常乐观的数字。手机这种移动终端让微博真正意义上的"随时随地"成为可能。"本·拉登之死"的消息最早由 Twitter 发出，这比美国路透社的报道早了 20 多分钟而让后者倍感压力，而内容发布者是现场一位美国大兵。这种随时随地地"现场直播"，足以让我们感受到微博强大的传播威力。

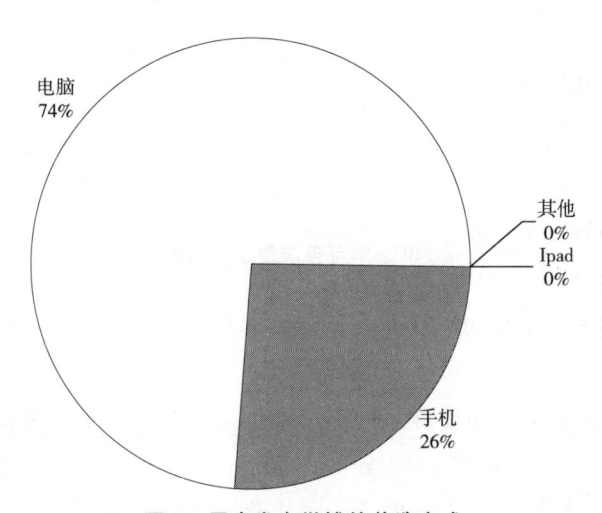

图 2　用户发布微博的首选方式

微博的 140 个字限制，也充分体现了其和博客的不同之处。乍看上去这就只是一个书写容量上的差别，其实这意味着一个更低的"门槛"，所见所闻，所思所想，生活里大大小小的主题均可以发布，也就意味着更多的参与。这种相对较低的门槛准入，使微博的"即时通信"的能力大大加强。这符合现代快节奏的生活方式。人们对新闻的了解只求其精华，而没有过多时间来关注那种"深度报道"式的新闻——这种新闻本来受众面就很窄。

140个字，这对于大多数的用户来说，已经基本可以满足表达的需求。如图3，70%的用户认为140个字在大多数情况下可以满足自己的表达，而28%的人认为140个字已经完全可以满足表达了。总的来说，有98%的用户认为微博140个字对他们的表达不是一种限制。

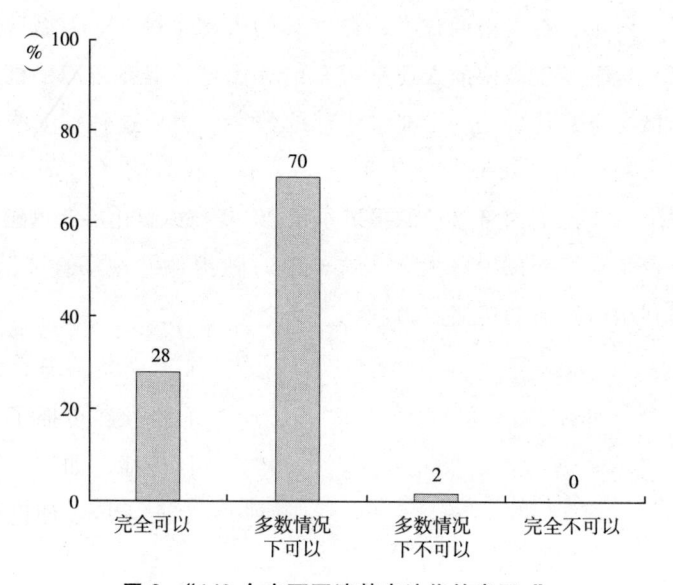

图3 "140个字可否清楚表达您的意思？"

如此多的人认为140个字不是一种限制，这是由用户发微博的动机所决定的。由图4我们可以清楚地看到：大多数人发微博是为了和其他人分享自己的所见所闻或者是为了记录生活中有意义的点点滴滴。所以，用140个字来记录这些，完全可以满足表达的需要，也更加方便快捷——绝大多数人不可能对生活中的小事或每天都在不断变化的新闻大书特书。

（三）"节点"的几何式"裂变"

微博符合这样一个传播逻辑：在用户信息传播上，使用微博的每一个用户都是网络上的一个"节点"，其中每一个节点包含着他所关注的

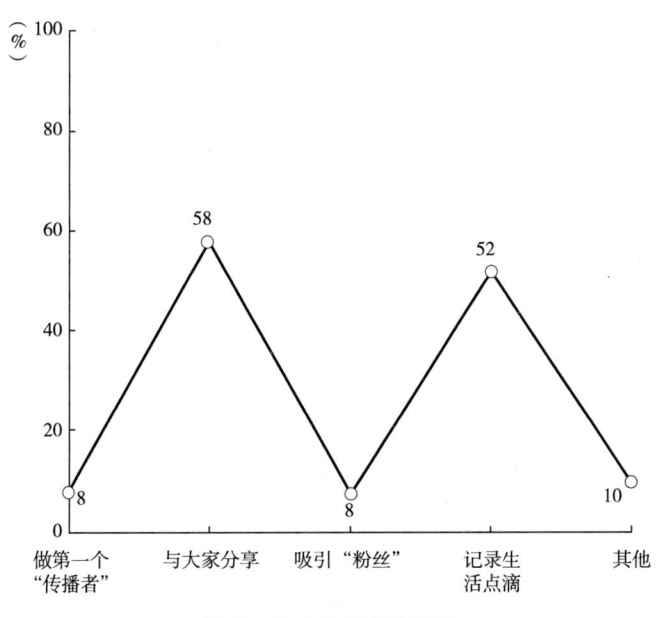

图 4　用户发微博的动机

其他节点的全部信息。① 在微博中，假如甲发布了一条信息，这条信息就可能通过他的所有"粉丝"进行传播，而他的粉丝在传播了这条信息之后，这条信息又有可能被"粉丝的粉丝"进行传播，如此类推，可能很快就会"回流"到甲那里。这样，一条信息发布之后，便已经处在了一个裂变式的传播网中。

从本次调研得知，有44%的人其微博内容主要来自转发，这与内容原创者所占比例几乎相同。还有16%的人经常通过"评论后转发"这种方式发布自己的微博（见图5）。转发用户在这里占到了60%，这说明了"转发"这种方式具有独特的魅力：从心理层面来说，这是在现实生活中缺失的"共鸣感"在虚拟世界得到了满足。当你觉得某人某条微博不错，你可以"一键"转发，同样，你的"粉丝"都可以实时收到信息，然后以此类推，实现极速的传播。微博内容产生的另一种趋势是"评论+转发"，即对某条微博进行评论，然后转发，这样便实现了对信

---

① 喻国明、欧亚、张佰明、王斌：《微博：从嵌套性机制到盈利模式》，《青年记者》2010年第16期。

息的二次加工。对转发者来说这其实是在和他人就某个事件交流自己的观点，有别于单纯意义上的转发。

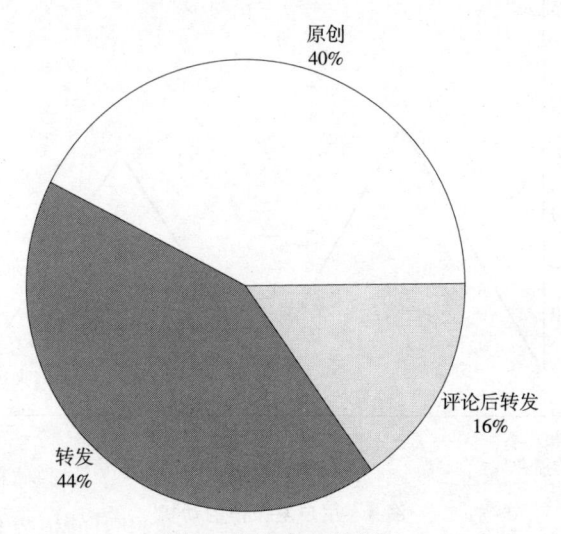

原创 40%
评论后转发 16%
转发 44%

图 5　微博内容的来源

首先，这种传播方式不是传统媒体的线性传播（即一对一传播），也不是网络媒体的广播式传播（即一对多传播），而是一种裂变式传播（即多对多传播），这种传播形态的传播方式是几何式的，是一种令人恐怖的传播方式，其影响力是社会性的。

其次，就用户的社会网络扩展来说，以用户为中心的"圈子"在微博信息的纽带作用下不断扩展，在关注（Follow）他人或者被他人关注时，会重叠到另一个用户"圈子"里，迅速扩展自己的社会网络。本次调研中，如图6所示，有42%的用户会经常光顾某些圈子，加入讨论；有51%的用户偶尔会参与到圈子中；只有极少数的人从不关注圈子。这足以说明绝大多数用户对圈子还是很热衷的。

在微博中，几乎任何一个话题都可以形成一个圈子，圈子与圈子之间不是封闭的，而是互有连接的"小网络"。在微博网络中，大量的"节点"可以使用户在不同的圈子间跳入跳出，加速了信息的流动和观点的传播。这样的传播，也是一种裂变式的传播，一个圈子的话题可能仅仅因为一个个体而传向另一个圈子，但到了另一个圈子就成为一种几何式的传播。

图6 用户微博"圈子"的参与度

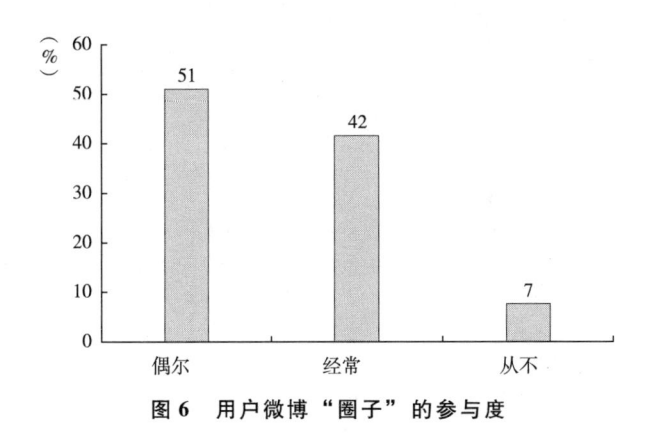

这种传播的过程实际上也是微博用户构建自己的信息来源和网络关系的一种体现。加入不同的人所共同关注和了解的某个话题,并且可以看到这些人的信息,这将产生一种共识。这种共识能够产生群体的认同感和归属感,即相同的兴趣爱好或者相近的职业背景,相似的世界价值观或者生活方式等。这就构成了微博用户之间的关系纽带——关系型的内容和内容型的关系,这种双向构建促进更多内容的创造。

(四) 社会话语空间的释放

从本质上讲,微博所带来的是一个"麦克风时代",即每一个个体都可以向无限广泛的群体进行"喊话"和"广播"。[1] 换言之,微博给每一个人提供了一个"麦克风",它可以把每个用户发布的微博内容(文字、图片、视频等)以现场直播的方式传播给他所有的"粉丝"。

这种传播方式为"沉默的大多数"打开了一道话语的大门,微博迅速成为舆情表达和汇集的重要平台。在2010年,微博与中国社会各个领域的接入和渗透日益广泛,从上海世博、广州亚运等盛事到玉树地震、舟曲泥石流等救灾工作,以及公民的日常权益保障、社会救助等各个领域,对我国舆论格局产生了巨大影响。随着公共事件的影响力不断扩大,微博已经成为新闻监督和跟踪突发事件的重要来源,吸引了众多的媒体机构,甚至

---

[1] 上海交通大学舆情研究实验室:《2010中国微博年度报告》,《青年记者》2010年第2期。

政府部门也开始在微博上发布政令、收集民意、与民众沟通,而且基本上能得到广大网民的认可。本次调研中,关于政府"微访谈"的认可度如图7所示。

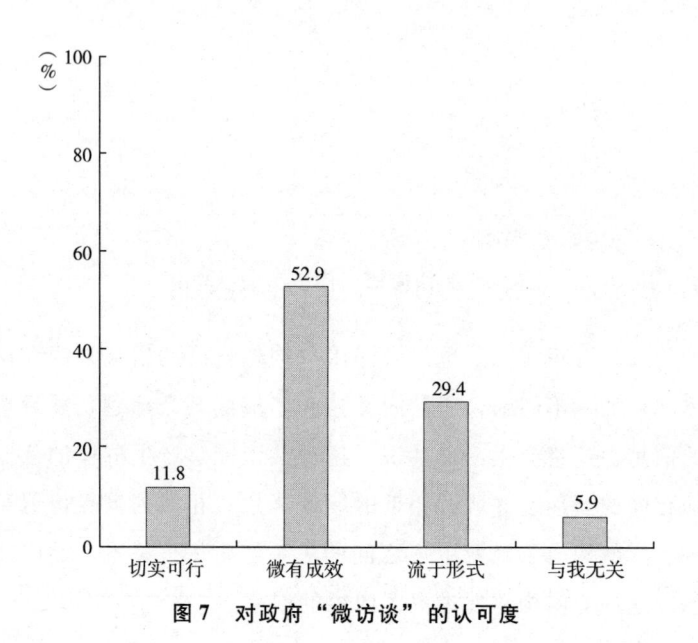

图7 对政府"微访谈"的认可度

其中,64.7%的用户对政府的"微访谈"有一定的认可度。政府对微博"声音"的关注,使得这种迅速、及时、自由的传播方式发挥出了超强的社会舆论影响力。在2010年舆情热度靠前的50起重大案例中,微博首发的有11起,占22%。[①] 从河南考生落榜到宜黄强拆、"李刚门"等事件的迅速传播,反映出了微博在舆情监督方面的重大作用,而政府在这种"众目睽睽""民心所向"的趋势下,往往会从速、从严处理这些事件。

(五)信息资源的凝聚和整合

在Web2.0时代,只要能够最大限度地激发用户贡献内容,对用户贡献信息的流向进行引导,对碎片化信息内容的呈现结构进行优化,对信息

---

① 心灵驿站,《解析微博控之三大心理:受诱于微博强大传播力》,http://xsc.hnie.edu.cn:8000/xlshow.php?id=53&newstype=xljt。

资源进行深度发掘、整合和利用，就有可能获得说服和影响他人的能力。

微博产品的出现使得这种影响力有了极佳的发展情景和路线。在碰到自己认为好玩或者有趣的事情时，有42%的人第一反应是将其发布在自己的微博上（见图8）。

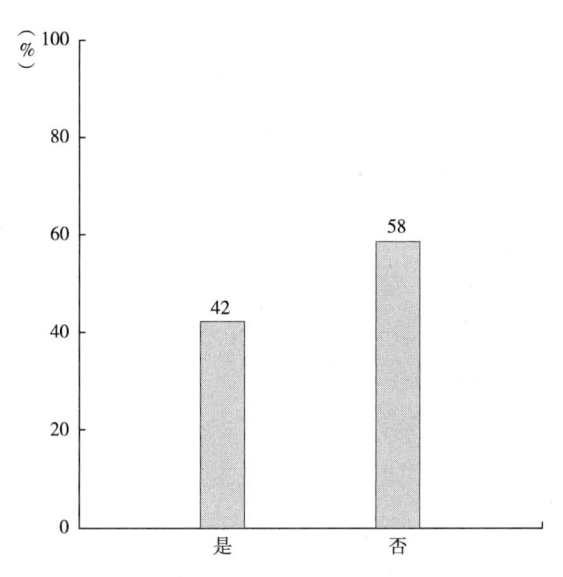

图8 "当遇到好玩的事情时，您的第一反应是不是发微博？"

这反映了微博上人们贡献内容的欲望是非常强烈的。在这种以内容的发布和消费为载体的平台上，这样的内容发布状况足以使其维持经久不衰的吸引力。

在发布微博时，有30%的人会认真地筛选信息并精心地组织语言，而有48%的人只要求自己的意思表达清楚、完整即可，少部分人会选择随意的表达，不注重表达的效果是否合乎自己的意图（见图9）。

与维基百科相类似，微博上的内容（包括原创内容和编辑整理）完全是网民自发贡献的，这种自发性的活动，几乎处于一种零成本的状态，而且信息内容将处于永远的编校状态。在这个过程中，我们看到新闻报道已经从记者编辑所从事的专门职业行为转向社会公众借助微博等自媒体共同参与的公共活动。微博这种媒介带有强烈的自媒体特征，即大众开始从自身的角度选择、编辑新闻的内容，而不像传统媒体依靠编辑来充当"把关

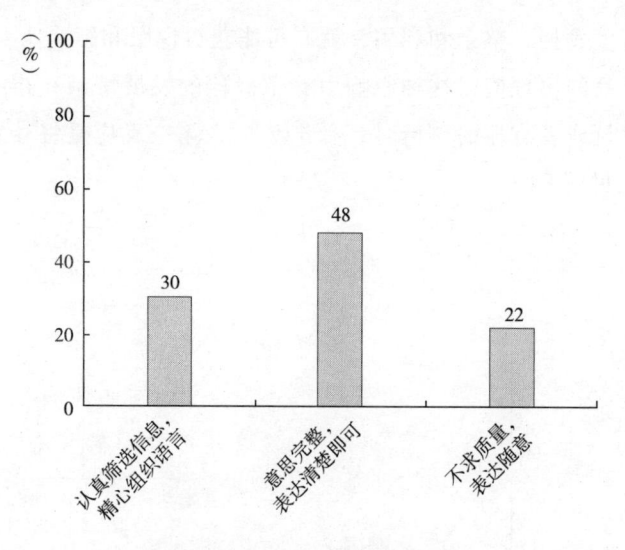

图 9　编写微博时的信息整合度

人"。这种"所有人面向所有人"的传播，在新闻事实报道的速度、新闻背景的立体化呈现、新闻报道的现场感与互动性等方面有着传统媒体无可比拟的优势。

使用微博发布信息的低成本和易得性，以及微博节点传播的特性，进一步提升了新闻信息发布和扩散的速度，尤其是对突发性事件和热点问题的报道，微博蕴藏着巨大的能量。如图10所示，有将近一半的人首先是通过微博了解到以下事件。

(六) 开放的应用平台（API）

微博在产品开发功能上，是以开放 API 的形式允许大量第三方开发者将其自身软件嵌套在其产品上，这也是微博获得大量用户的重要因素。在微博上，几乎所有的忠实用户都有自己喜爱的第三方应用。本次调研显示（见图11），在所罗列的主流应用程序中，只有36%的人对这些应用表示陌生。

微博未来的发展方向无疑是开放平台，在四大门户中，新浪凭借动手早和强大的品牌知名度，无论在软件数量还是种类上都高居第一，腾讯次之，网易刚刚起步，而搜狐还没有开放平台。但是和 Twitter 相比，这种开

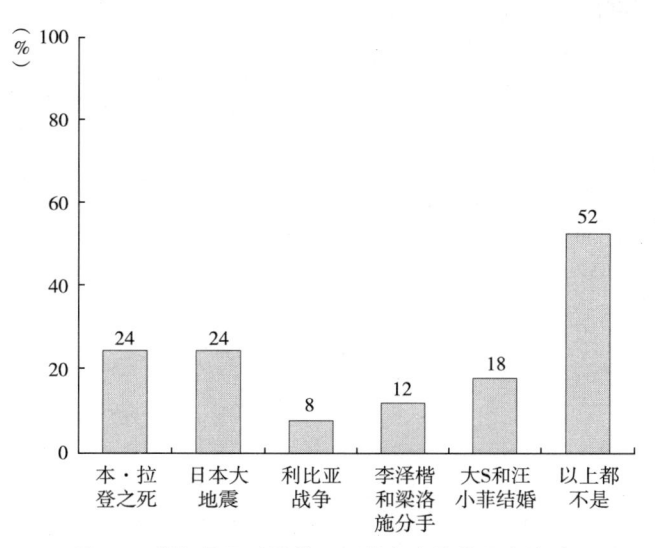

图 10 首先是通过微博了解热点事件的用户统计

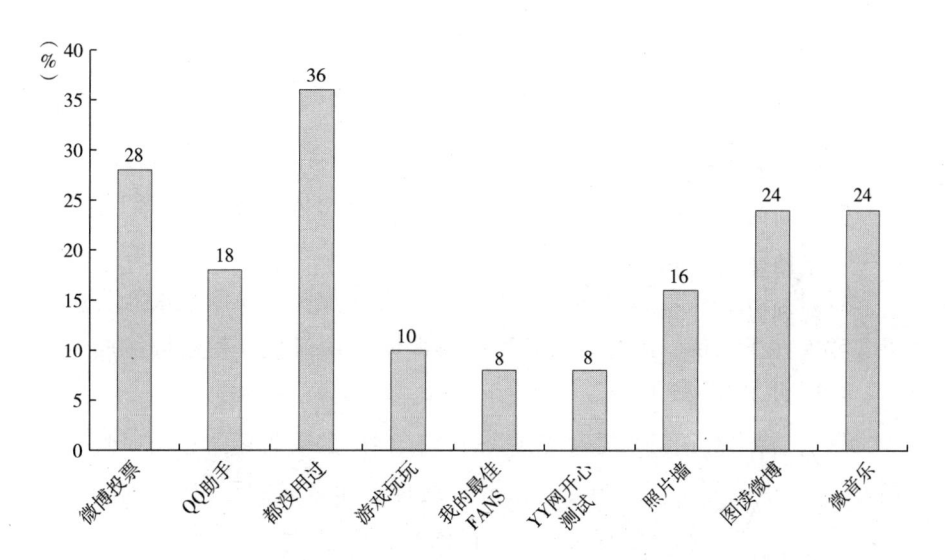

（本·拉登之死 24；日本大地震 24；利比亚战争 8；李泽楷和梁洛施分手 12；大S和汪小菲结婚 18；以上都不是 52）

图 11 第三方应用程序的接受度

（微博投票 28；QQ助手 18；都没用过 36；游戏玩玩 10；我的最佳FANS 8；YY网开心测试 8；照片墙 16；图读微博 24；微音乐 24）

放平台的应用还有很长的路要走。

三 受众的心理需求

本次调研显示（见图12），有42%的人早上一醒来或者晚上睡觉前都要先看一下微博。这反映出了用户对微博严重依赖的心理状态，可能产生时下称为"微博控"的媒介依存症。

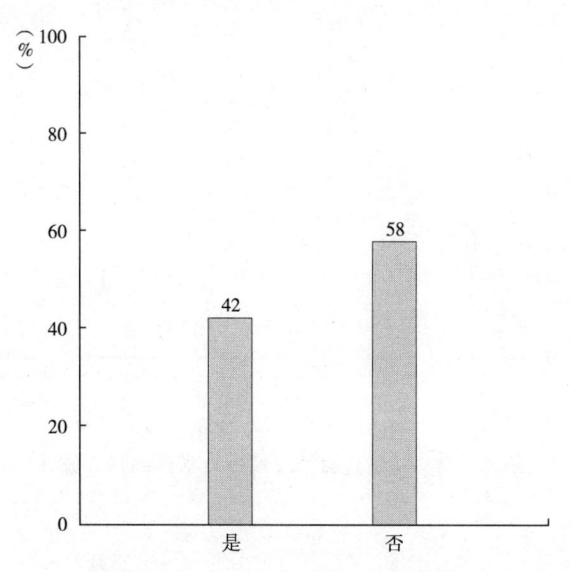

图12 "您是否早上一醒来或者晚上睡觉前都要看一下微博？"

微博能够轻易地让人获得大量人群的关注，满足人被关注的虚荣心。在微博的世界里，每个人都有自己的粉丝，能轻松体会到受粉丝们追捧的感觉。

当用户从过去的"我有一个想法，我要与人交流这个新想法"变成了"我需要有一个想法，因为我得发送一条微博"的时候，发送微博成为情绪的主宰。

另外，就本次调研来看（见图13），有64%的人希望通过微博与名人进行交流。由此可见，希望通过微博拉近自己和名人的距离也大有人在，其实，这也是部分弥补了现实中难以得到的满足感。

微博依赖的根源是现实的无奈，很多人需要通过微博来进行交流、寻找倾听者以及倾听他人的心声，来表达情感上的共鸣。用户加入各种圈子，从某种角度来看，也是一种抱团取暖的现象。但是这些从客观上都促进了微博信息的传播能力。

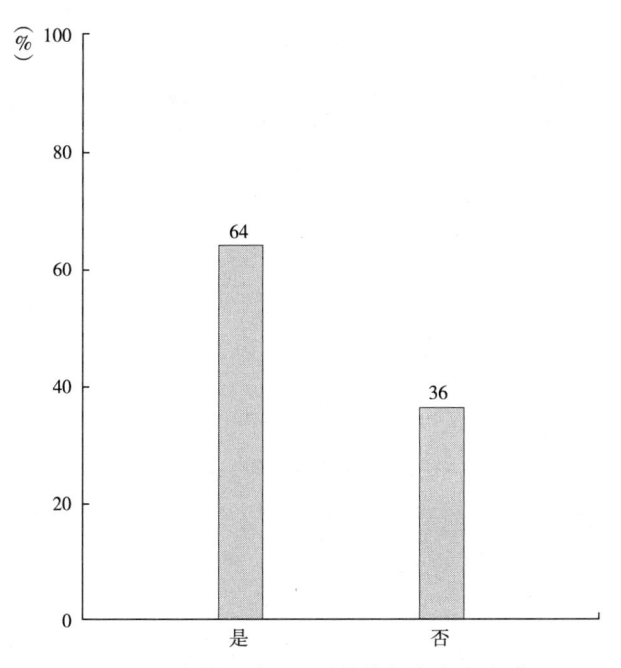

图13 "您是否希望通过微博与名人交流？"

四 结语

传播学大师麦克卢汉说："媒介是社会发展的基本动力，也是区分不同社会形态的标志，每一种崭新媒介的产生与运用，宣告我们进入了一个新的时代。"微博的走红，正是这一理论的真实写照。关于微博背后的传播模式，我们就作此简略的分析。但微博现在（尤其在中国）还是一个成长中的事物，其强大的影响力吸引着我们研究的目光。微博的力量是强大的，是不容忽视的。如何更深入地研究微博的传播模式，引导其在社会舆论中发挥应有的作用，是我们仍需要不断深入思考的问题。

Microblogg Revolution in Web2.0 era
Survey Research of Microblogg Communication Mode

LIU Yiming, LI Wei

(Central South University, Changsha 410083, China)

Abstract: Medium is the basic driving force of social development, and a sign of distinction between different social forms, each new generation and use of the media declare that we have entered a new era. In the Web2.0 era, a new micro-blog with the Internet, "many to many" and "user-generated content" of the propagation characteristics, show powerful strength and spread the influence of public opinion. In addition, the micro-blog itself has a low threshold, "anytime anywhere" the high flexibility of fission mode of transmission, simple and efficient mode of dissemination of information exchange is characterized by its rapid rise to the internal network.

Keywords: microblogg; communication mode; web2.0 era; fission transmission

·数字出版研究·

数字化对美国期刊经营的影响及媒体创新策略

胡 瑾

(北京印刷学院,北京 102600)

摘 要:数字传播技术极大促进了媒介的延伸,美国作为全球数字化技术和期刊传媒领域最领先的国家,出版商面对传统报刊发行与广告受挫的现实,积极应对。在期刊内容上进行整合,通过媒介融合与新媒体联手;在期刊经营上,探索新环境下的发行与广告模式;针对终端载体,多管齐下,其经营策略和措施值得我国出版行业借鉴参考。

关键词:数字化 期刊经营 发行 广告

媒介是人的延伸,数字传播技术把这种延伸又往前推进了一步。对于期刊出版业而言,数字技术意味着传播平台的延伸、传播内容的延伸、受众的延伸和传播时空的延伸,是传统大众传媒的修正甚至颠覆。然而,媒体数字化发展也并非一帆风顺,在数字技术和传媒产业最为发达的美国,受数字技术和金融危机等多重因素影响,期刊却遇到了发行量下降、广告客户流失、读者群缩小的问题,数字化发展道路充满挑战和机遇。

一 美国期刊经营正面临困难

作为全球数字化技术和传媒领域最领先的国家,美国期刊产业的发展并不像之前预期的那样顺利。2008年美国金融危机爆发之前,期刊行业就已经显露颓势。对于期刊而言,发行与广告是期刊经营的两大关键,而读者和广告客户的流失,导致期刊经营受到双重困扰,媒体背负沉重的债务包袱。为应对这些危机,出版商采取开源节流的措施:为节约印刷成本而减少发行量、发行期数乃至停发印刷版,为减少人力支出而裁员,同时在互联网上开拓新的市场,增加服务项目。但即便如此,仍有部分经营不善的期刊被迫转型、降价出售、破产,甚至关闭,其中不乏在美国出版界有影响力、在美国发行榜单上排名前列的行业佼佼者,近年仅见诸报端的就包括:《生活》(Life)、《PC杂志》《首映》(Premiere)、《财智月刊》(Smart Money)、《美国新闻与世界报道》(U.S. News & World Report)、《商业周刊》(亚洲欧洲版)等,《基督教科学箴言报》《美国底特律自由报》《新闻周刊》等报刊也停发印刷版,改为网络数字版;《新闻周刊》、《商业周刊》(Business Week)、《电视指南》(TV Guide)、奇幻杂志《奇幻国度》(Realms of Fantasy)等先后以象征性的一美元低价出售;《读者文摘》、成人杂志《阁楼》(Penthouse)申请破产保护;《亚洲周刊》(Asia Week)停刊。

美国报刊经营不善,具体表现在发行和广告两个方面。

1. 美国期刊发行量连年下滑

继报纸之后,期刊也难以挽回下滑的窘境。2012年,美国期刊经营所处情势更加严峻,发行与广告面临双双下滑的窘境,根据美国发行量稽核局(ABC)的数据显示,2012年上半年,美国消费类期刊发行前25名的榜单中,有21家较上年同期出现下滑,前10位中除《家庭圈》(Family Circle)外发行量都有不同程度的下降,平均降幅达11.3%(见表1)。

表1 美国消费类期刊发行前25名榜单

单位:份,%

排名	期刊名称	发行量		增幅
		2012年1~6月	2011年1~6月	
1	《时尚》(Cosmopolitan)	1351738	1599305	-15.5
2	《女人世界》(Woman's World)	1149242	1193927	-3.7
3	《妇女天地》(First For Women)	1024889	1094056	-6.3
4	《人物》(People)	939554	1153774	-18.6
5	《美国周刊》(US Weekly)	572875	646685	-11.4
6	《家庭圈》(Family Circle)	567632	525358	8.0

数字化对美国期刊经营的影响及媒体创新策略

续表

排名	期刊名称	发行量 2012 年 1~6 月	发行量 2011 年 1~6 月	增幅
7	《亲密接触周刊》(In Touch Weekly)	560585	646646	-13.3
8	《造型》(In Style)	544875	570272	-4.5
9	《时尚人物》(People Stylewatch)	460295	504504	-8.8
10	《国家询问报》(National Enquirer)	457404	502904	-9.0

2. 美国期刊广告衰减

广告更被视为媒体的"血液",美国期刊经营中73%的收益来自广告,而受发行量下降的影响,印刷版广告也受到了重创,根据《媒体投放统计》(Media Industry Newsletter)的报道,美国媒体中心城市纽约2012年上半年付费发行量比上年同期降低了2%,广告页也相应减少了6%。期刊的网络版广告虽在增长,但仍无法弥补因广告减少而形成的亏空。据美国报业协会发布的数据显示,与上年同期相比,2012年上半年印刷广告的亏损为7.98亿美元,被仅仅3200万美元的数字广告收益稍微冲抵,亏损与收入的比值为25∶1。[①]

经济不景气所带来的影响势必通过广告主而影响到期刊的生存,正如美国梅雷迪斯出版公司执行副总裁迪克·波特(Dick Porter)所说:"经济萧条来临时,印刷媒体有时会后知后觉——因为我们既是最早介入者,也是最后离开的。"[②]根据美国出版商信息局(PIB)的数据,2012年第一季度杂志广告版面较上年同期下降8.2%,如果按广告主所在行业来看,除了日化和服装类以外,其余无论是广告版面还是广告金额都比上年同期减少,其中汽车行业更是削减了1/3的广告(见表2),这与经济环境变化不无关系。2009年,《商业周刊》被迫以一美元的象征性价格出售,也与汽车行业不景气、媒体过分依赖汽车广告有关。

[①] 《2012年美国报业印刷广告亏损近8亿美元》,http://www.keyin.cn/plus/view.php?aid=983068。

[②] Nat Ives, "Ad Categories Stalling Magazines' Rebound: Food, Drugs, Auto," *Ad Age*, http://adage.com/article/news/auto-ad-spending-grow-14-2012-forecast/234467/.

表2 美国期刊广告额及广告版面（2012年第一季度）

广告类别	广告额（亿美元）	广告额比上年增长（亿美元）	广告额增长率（%）	广告版面（页）	广告版面比上年增长（页）	广告版面增长率（%）
日化用品	5.90	0.39	7.1	3465.21	83.17	2.5
药品	4.80	-0.27	-5.5	3586.36	-283.4	-7.3
服装及服饰	4.17	0.49	13.2	4021.09	238.59	6.3
主副食品	3.50	-0.63	-15.2	1936.04	2356.37	-17.8
媒体及广告	3.33	-0.57	-0.2	2328.59	2461.30	-5.4
零售	2.96	-0.18	-5.6	2499.10	2699.68	-7.4
直销	2.60	-0.24	-8.5	2394.20	2564.16	-6.6
金融保险房地产	2.16	-0.22	-1.0	1640.82	1764.51	-7.0
汽车	1.88	-0.99	-34.6	1370.70	2135.88	-35.8
科技	1.76	-0.55	-3.0	1373.45	1460.50	-6.0
交通，住宿	1.72	-0.67	-3.8	1935.42	2208.91	-12.4
家具	1.71	-0.79	-4.4	1280.27	1317.84	-2.9
总计	41.12	-18.2	-4.2	32862.34	-2925.31	-8.2

二 美国出版商的媒体创新对策

对于期刊出版业而言，一方面，经济危机加剧了行业竞争压力，另一方面，数字技术给传媒行业带来巨大变革，全面洗牌在所难免。对于期刊自身而言，是挑战也是机遇，若处理应对不当，机会稍纵即逝不说，稍有不慎还会面临关门倒闭。

美国出版商面对传统报刊经营受挫的现实，积极应对，多管齐下：在数字技术的应用方面，加大了对数字媒体的投入，减少印刷版的成本；充分利用数字媒体互动的特性，结合多种网络终端，加强互动和参与以吸引更年轻的读者群；在内容方面，以内容为核心，结合多种媒体；在经营理念上，从网络渠道，增加发行收入；同时积极探索新环境下的广告模式，开发多种新型广告形式，避开传统广告的刻板印象。

第一，从印刷媒体逐步转型为数字化媒体。

虽然多数人认为，数字化对期刊行业而言会是未来发展方向，但这条道路并不平坦，目前也少有成功范例，经营模式更难以复制。即便如此，依然有不少出版商和技术公司试水。对于期刊而言，其出版形式分为印刷版、电子版和网络版，而平板电脑、智能手机、电子阅读器及其他手持终端是对传统纸媒的延伸。早在1994年，《时代》周刊、《连线》等杂志就推出了自己的网站。据市场调研公司 Pew Research Center 的数据，2012年，美国有半数成年人拥有平板电脑或智能手机，其中66%的人从这些装置上获取新闻信息。有鉴于此，期刊出版商加快数字化进程，收购新兴的网络媒体，扶持传统期刊进行转型，同时削减甚至停发印刷版，以节约成本。

数字技术的革命，传统的大众传播平台得到空前拓展，但数字化转型并不是停发印刷版或把纸媒内容搬上网络那么简单。美国在线（AOL）在2011年以3.15亿美元的高价收购了创建仅六年的《赫芬顿邮报》（*The Huffington Post*），后者是号称"第一份互联网报纸"的政治博客网站，通过24小时新闻聚合发布、博客新闻评论的方式吸引了大量用户，并在2012年成为首个获得普利策新闻奖的网络新闻媒体；而《华尔街日报》《华盛顿邮报》《卫报》等都推出了社交网 Facebook 的版本，《华盛顿邮报》甚至在 Facebook 基础上专门开发了新闻聚合网站 Trove；道琼斯公司旗下的《财智月刊》在2012年成为又一家停发印刷版的刊物，出版商将精力转向了网络版，在裁员印刷版编辑的同时增员网络编辑，同时还将旗下 Market Watch 网站的个人理财部分也纳入财智月刊网络版中。

第二，增加受众的参与和互动。

数字传播技术意味着受众的延伸，个体的阅读体验通过共享、互动的方式，弥补了传统纸媒反馈性弱的先天不足，期刊在读者流失的同时，又通过互联网重新赢回部分读者，尤其是年轻人群的参与。智能手机、平板电脑等手持终端的普及，各种 BBS 网站、RSS、社交网、APP 应用软件的形成，使这种需求得以满足，原本一盘散沙、毫无联系的读者群瞬间结成了不同群体，用户自身成为内容的"把关人""制造者"，甚至可以推动形成新闻热点，而在传统媒体中，这些事情都是专业的媒体采编人员完成。互联网平台，通过刊载信息成为内容平台，通过浏览用户的互动成为期刊宣传平台，在期刊发展历程中从未有过。

在这方面,苹果 iPad 的 APP 应用,赋以期刊新的功能和涵义,如 Flipboard,就将 Twitter 和 Facebook 等社交网信息转化为自定义的电子杂志。互联网上受众的参与和互动,同时也带动了期刊发行,根据美国 2009 年在 Facebook 上按粉丝数量排名前五的杂志来看①,其发行量同样位居前列。

表3　2009 年 Facebook 粉丝数量排名前五的杂志

	杂志名	粉丝数量（人）
1	《时尚》（Cosmopolitan）	296080
2	《十七岁》（Seventeen）	97425
3	《美国周刊》（Us. Week）	61930
4	《连线》（Wired）	16790
5	《男士健康》（Men's Health）	7240

第三,以内容为核心,加强多种媒体的融合。

新媒体不仅是技术的代称,同时还需要以内容为中心,打造全媒体环境,对于期刊而言,传统印刷版只是多种媒介载体之一,拓展的方式包括 BBS、社交媒体、播客、APP 应用等,渠道则是互联网的各种数字化终端——个人电脑、平板电脑、智能手机、电子阅读器等。

曾隶属读者文摘公司的《瑞秋》（Rachael Ray）是餐饮类杂志,刊物的主人公瑞秋·雷是美国的知名厨师和主持人。2004 年她主持以自己名字命名的烹饪节目"和瑞秋一起做菜"（Inside Dish with Rachael Ray）,2005 年推出杂志《瑞秋相伴每一天》（Everyday With Rachael Ray）,此外,她还主持脱口秀节目,并出版各类烹饪书籍。赫斯特集团的《时尚》（Cosmopolitan）杂志也发行了数字版本的 Cosmo for Guys,尝试多种媒体的融合。《商业周刊》在发行印刷版的同时,网站上同期配有采访录音供用户下载。

第四,在报刊经营模式方面,提高售价,重回新闻本位。

凭借内容发力,借助互联网渠道和多种终端,提高发行收入,重回新闻本位,是部分报刊经营者的思路。如果真能如愿,传统期刊收益的七八

---

① Steven Smith, "Top 5 magazine on Facebook," Minonline, http://www.minonline.com/news/11282.html.

成来自广告的历史或许将被改写,这种模式意味着杂志或许可以借此摆脱广告而独立,其中最具代表性的是《时代》周刊2009年刊发的封面专题文章《如何拯救报业》,杂志前主编、CNN 前董事长兼 CEO 沃尔特·艾萨克森(Walter Isaacson)引用《时代》周刊的创始人亨利·卢斯(Henry Luce)的观点称,卢斯对出版商单纯依靠广告作为营业收入的模式嗤之以鼻,他认为这种模式是对新闻业的"道德背离"和"经济上的自我毁灭"。艾萨克森继续分析:"传统的报纸和杂志曾有三个营业收入来源:渠道销售收入、订阅费和广告,而新的商业模式仅依靠最后一种。即便广告收入非常强劲,但这种单靠一条腿走路的营收模式也极不稳定。而一旦广告环境如无数出版商在经济衰退中所看到的出现恶化,这条腿就很可能无法站立。"而他提出的解决之道是,"报纸的未来并不是免费提供内容并依靠广告作为全部收入来源,新闻业必须将服务于读者作为自己首要和最重要的目标,创造出有价值的内容,并通过简单方便的小额支付系统对内容收费"①。

目前采用这一方式获得成功的代表是《华尔街日报》,根据美国发行量稽核局的统计,2009 年《华尔街日报》发行量的 210 万份中,网络付费订户达 100 多万份。但这种方式的困难之处在于,对习惯了互联网上免费浏览内容的受众而言,他们在多大程度上愿意为内容付费。早在 2008 年,市场调研公司 Pew Research Center 就调查发现,上网免费阅读新闻的人数超过了付费购买杂志和报纸的读者。因此,要重新通过内容收费而赢得发行收益甚至放弃广告,不是没有风险。

第五,广告经营上,不断开发新的广告形式。

依靠内容收费的方式是对传统期刊经营模式的创新,但在行业中,更多从业者依然愿意选择依靠广告来获得收益。当然,数字化也意味着这些广告不同于传统广告,因此广告模式的创新重回主题。

与内容收费完全不同,部分出版商仍然愿意在广告的老路上推陈出新,如《时代》和《人物》旗下的时尚刊物《人物风尚观察》(People Style Watch),都在其 Twitter 页面上启用了墙纸的广告形式,代理发布其他

---

① 《如何拯救新闻业》,《时代》周刊,http://news.xinhuanet.com/newmedia/2009 - 02/13/content_ 10812152. htm。

客户的广告①,这是传统广告在新媒体中的延伸。而iPad给读者带来的阅读体验,使得广告商能够接受平板电脑广告价格高于网站价格,因为平板电脑上的电子杂志与印刷版的杂志更相似,视觉效果精美,代替了网站上密集的文字和链接,而出版商康德纳斯特(Conde Nast)也在iPad上发行两年电子杂志后,重新发布广告评估指标,这些都为期刊重新赢得广告主奠定了基础。

更有从经营理念上提出以广告为中心整合"品牌内容",编辑部门与广告部门共同根据广告品牌相应调整内容,包括《连线》《时尚》和《纽约客》等杂志都进行了类似的内容与广告的整合。

在出版商的积极应对下,如果经济环境好转,期刊或许将走出目前的困境。普华永道会计师事务所的一份报告预测,受美国和加拿大经济利好因素影响,美国消费者类杂志广告将在四年后止于下滑,期刊比报纸受益更多。印刷版期刊广告仍占期刊广告的主流,预计2016年将达到106亿美元,年均增长0.7%;数字版期刊广告将从2011年的12亿美元增长到2016年的29亿美元,年均增长18.5%,到2016年,美国期刊业将以每年1.6%的平均速度增长②。按照这样的预测结果,美国期刊出版行业一定会走出目前的困境。

三 我国期刊出版得到的启示

美国期刊经营遇到的问题,对我国期刊经营有所启示,虽然由于中美传媒环境、体制不同,有些问题我们暂时还未遇到,但我们应从中取长补短,未雨绸缪。

到2010年"十一五"规划末,我国期刊出版总印数35.4亿册,年均增长5.1%,期刊出版总印张数200.1亿印张,年均增长9.8%,从数量和规模而言,我国已是传媒大国,但如果从质量上看,还有很多不足。目前

---

① Nat Ives, "Time Inc. Magazine Finds Another Next-Gen Ad Opportunity: Its Twitter Wallpaper," *Ad Age*, http://adage.com/article/media/people-stylewatch-turns-twitter-wallpaper-ad-space/237506/.

② Nat Ives. "Magazines to End Recent Revenue Declines, Pricewaterhouse Coopers Projection Says," *Ad Age*, http://adage.com/article/media/magazines-halt-revenue-declines-year-forecast/235173/.

期刊从印刷版转至网络版是大势所趋，我国报刊出版行业虽然很多已经建设了自有网站，仅从网站内容维护来看，质量还难以满足用户需求，都还需要加快数字化进程，增加对数字媒体的关注和投入，以吸引更多用户。

在消费类期刊内容上，在数字化应用方面，往往还是各自为政，根据内容进行跨媒体组合的成功案例还不多。我国期刊经营依赖广告比欧美国家更显著，印刷版广告仍然占收入的主体，网络版广告收益微乎其微。目前，有的媒体即使已建立自己的网站，但单一的广告盈利方式并不能支持长远发展，期刊的网络电子版基本还是照搬印刷版，并没有充分考虑其互动、多媒体、超链接等传播特性，整体并不成气候，在创新方面还显得过于保守。值得一提的是，《瑞丽》《财经》《浙商》《妈妈宝宝》等不少杂志已经建立了自己的网络社区、官方博客或微博，有的期刊根据不同平台而开发出了iPhone版、安卓版、pad版等不同网络电子版本，施行全媒体传播。

传媒业是国家文化软实力的核心部分，在新闻出版业"十二五"规划中，明确提出将以内容创新和数字化转型为重点，加快资源整合，继续发展图书、报纸、期刊等纸介质传统出版产业；以业态创新和服务创新为重点，加快新技术应用，大力发展数字出版等战略性新兴出版产业，同时，全国报刊出版单位数量减半，降至5000家以下。对于我国的期刊出版行业而言，在新媒体环境下，还需要汲取国外经验教训，取长补短进行变革，而经营问题仍将是我们无法回避的重要问题。

The Impact of Digitization on Journalism Operation in America and Media Innovation Strategy

HU Jin

(Beijing Institute of Graphic Communication, Beijing 102600, China)

Abstract: The digital technologies of communication have greatly promoted the extension of the media. As the most leading country in the field of technology and journalism of the world, however, the United States is facing a recession in the traditional publishing industry during these years, which make the publishers initiative. They integrate the journal content, and connect with new media though media convergence. At the same time, they explore various advertising and distribution model in the new environment. These experiences and the all-access strategies that they have executed should be referred by our publishing industry nowadays.

Keywords: digitization; operation of journalism; distribution; advertising

泰勒·弗朗西斯出版集团期刊应对数字化出版挑战的策略

汤 芮 孙万军

(北京印刷学院,北京 102600)

摘 要:具有两百多年历史的泰勒·弗朗西斯出版集团,经过不断发展现已成为世界上最大的学术出版集团之一。回顾其发展历程,不难看出,创新是其企业发展的利器。面对数字化出版转型,泰勒·弗朗西斯出版集团首先强化市场地位,通过并购形成了规模优势;面对挑战,通过开办电子书店、发展网上电子书出租等新业务积极应对;放眼未来,通过对期刊数据库进行深度开发、发展数字图书等手段强化优势。这些措施使得泰勒·弗朗西斯出版集团逐步完成数字化转型,在竞争激烈的出版市场站稳脚跟。

关键词:并购 网上电子书出租 期刊数据库 数字出版

新技术革命大浪淘沙,顺之者昌,逆之者亡。面对数字出版的大浪,有着两百多年历史的泰勒·弗朗西斯出版集团(以下简称泰勒)和其他出版企业一样面临着生死考验。不过泰勒挺过了难关,已经在数字出版的市场上占有了一片天地,其经验值得我们思考和借鉴。

泰勒·弗朗西斯出版集团成立于 1798 年,成立之初就率先出版了《哲学杂志》(*Philosophical Magazine*)——全球第一本商业科技期刊,自此以其创新精神扬名英国乃至全球出版市场。两百多年后的今天,泰勒作为一家专注于学术出版的出版商,在英国、欧洲、美国、澳大利亚、中国、印度、马来西亚和新加坡均设有办事处,每年出版超过 1600 种期刊和约 4000 种新书。其出版物广泛涉及人文科学、社会科学、自然科学、经济、金融、商业管理和法律等专业领域，大约 1/4 的学术出版物是与学会或协会合作出版的。泰勒的母公司英富曼（Informa）2011 年的年报显示，其 74% 的收入都来源于数字出版。这充分说明，泰勒已经基本完成了数字出版的转型，成为当今数字出版市场上的一支重要力量。

下文我们将探讨一下泰勒取得今天成就的关键策略。

一　通过并购形成规模优势

在竞争激烈，同时又面临新技术革命挑战的全球出版市场上，要想存活，就必须不断壮大自己。泰勒的不断壮大自己的首要策略就是并购。泰勒先后于 1980 年并购了 Falmer、Crane Russak 和 Hemisphere 等出版机构。20 世纪末开始，加快了并购步伐。1998 年收购了 Routledge & Carfax，拓展了公司的出版领域，进入了人文社科和医学出版领域。1999 年又分别收购了欧罗巴出版物有限公司和马丁·邓尼特兹有限公司。2001 年收购了 Gordon & Breach 这家涉及科技、医学和社会科学三大领域的出版机构，2004 年又与英富曼（Informa Pic）合并，2006 年与 Lawrence Eribaum 合并，2007 年收购了 Haworth Press。集团董事长安东尼·塞尔维就说过："集团的战略依然保持不变，一方面精心规划集团组织的发展，另一方面在我们已知的和未知的市场中加强收购。我们要通过这两个方面的活动来发展集团的业务。"这一系列的并购，为泰勒的后续发展带来强劲的动力。

其一，并购突出了泰勒的品牌优势。泰勒之所以能够并购如此众多的出版商，其品牌的作用不容小觑。有许多出版商心甘情愿地归附泰勒的麾下，并不仅仅是看中泰勒的经济实力，而且是看中了泰勒的招牌。出于对发展前景的考虑，这些集团云集于泰勒旗下，他们认为在泰勒的麾下可以提升其企业价值，保证其实力持续快速增长。同时，一系列的并购也让泰勒成长为大型的跨国出版集团，让泰勒的名字变成了全球出版界耳熟能详的品牌。

其二，并购为泰勒带来了丰富的内容资源和优秀的编辑和作者。例如，2004 年与英富曼集团的合并让泰勒受益良多。英富曼是全球领先的为学术、专业及商业市场提供专业信息和服务的供应商，其服务领域涉及出版、国际会展等，是全球公开发行股票的最大展会组织公司，每年举办各种会议近 5000 次。它还拥有四万多种学术和商业图书，出版各种杂志、时事通讯、远程教育产品和互联网教学刊物。这次合并让泰勒的内容资源得到了全面提升。在"内容为王"的出版市场上，内容资源构成了直接的竞争力。同时，并购还给泰勒带来了大量优秀的编辑及作者资源，也使得泰勒的实力更上一个台阶。

其三，并购给泰勒提供了更加广阔的市场。通过并购泰勒把触角伸到了世界各地，大大提高了在全球出版市场上的占有率。2011年的年报显示，泰勒在印度、中国、日本、新加坡等亚洲国家，以及中东的出版市场上都大有斩获（图1）。

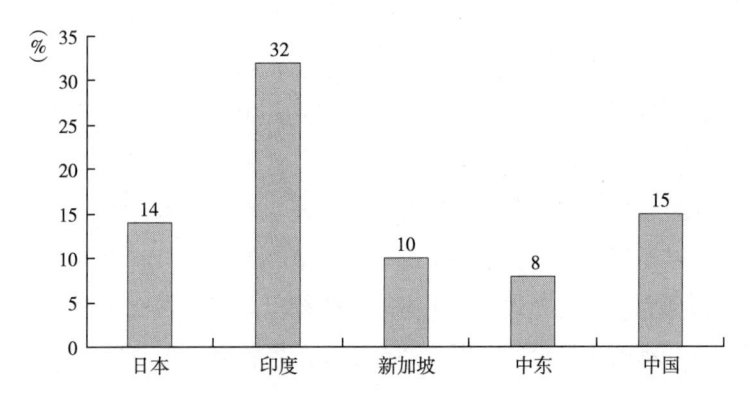

图1　2011年泰勒在国际市场上的图书收入增长情况

资料来源：泰勒2011年年报。

二　利用电子书出租业务应对竞争

当今全球学术出版市场面临的严峻挑战之一就是图书购买力的下降。越来越多的青年学生不愿意把钱花在购买纸本图书上，他们宁愿把钱花在手机、电脑等高科技消费品上。这样一来，纸质图书的销量受到了极大的影响。

另外，买书的人少了，书的印数减少了，成本就大大提高了，再加上出版社各方面的开销迅猛上涨，书价也随之上涨。这形成了一个恶性循环：购书者越少，图书价格越高，购书者更少。那些印数较少的学术著作更是如此，就连英国历史博物馆的教授都抱怨买不起书了。[①]

[①]　沈志彦：《英国出版业的一些情况》，《上海出版工作》1981年第9期。

Google 的数字图书馆使得许多传统出版商大为头疼，甚至"谈 Google 色变"。Google 对纸质图书进行扫描，并将其传到网站的数字图书馆免费供给读者阅读，不少读者可以随意阅读图书的部分章节，这样很可能导致有些读者对纸质图书的阅读兴趣下降，从而降低纸质图书的销量。为了应对数字图书馆产生的影响，泰勒建立了自己的网上书店，并推出网上租书业务。

　　具有创新精神的泰勒明白，面对新技术，只靠抵制是绝对行不通的，必须以业务创新来进行应对。泰勒从数字图书馆的业务中受到启发，推出了一项新业务，那就是网上电子书出租。网上电子书出租不仅可以保护自己图书的版权，同时还能促进纸质图书的销售，这是一条切实可行的措施。

　　随着电子商务的发展，越来越多的人愿意在网上购书，接受阅读电子书的读者也越来越多。因此网上消费者的大幅上升为传统出版商带来了新的利润增长点。泰勒积极制作电子期刊、电子书，开办了电子书店。电子书店不但卖书，还可以提供租书业务，读者可以选择租期，或者可以付费打印某本书的几页，甚至还可以购买不同书的不同章节，然后自己将内容编辑合成一本书。灵活便利的销售方式保证了泰勒在传统出版市场占有率日益下降的今天还能拥有较高的市场份额。图 2 是泰勒在世界各地的图书收入情况。

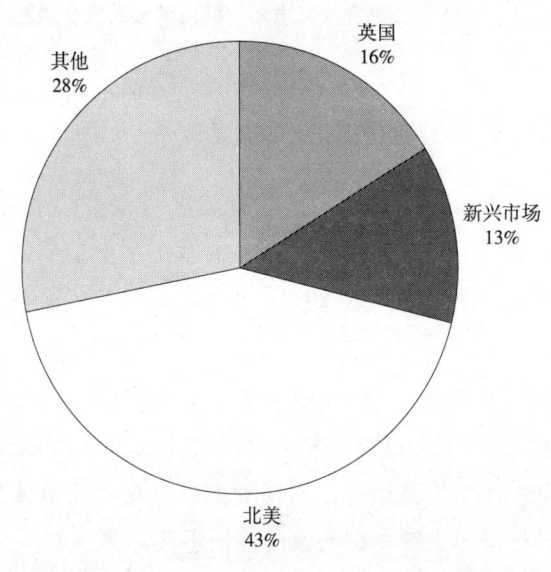

图 2　2012 年 7 月泰勒集团世界各地市场的收入比例
资料来源：泰勒 2011 年年报。

目前，网上租书的主体是大学生。一方面，这一群体是学术期刊和学术图书的主要消费者；另一方面，这一群体基本没有什么收入，消费水平不高，不可能花很多钱购买图书。因此花少量的钱租用电子书对于这个群体来说是非常受欢迎的做法。

这个群体使用学术期刊主要是为了完成论文，有的只需要用一个星期甚至只是一个晚上。由于很多时候去图书馆借书不方便，因此网上租用电子书就给他们提供了很大的便利。他们需要的学术期刊和著作很多都是大部头的，有时需要五六本，而这五六本书的价格大概要100～500美元，而如果选择网上租书则只需要花费10～20美元，这对于学生而言是可以接受的价格，另外电子书阅读也比较方便，他们可以在任何时间、任何地点阅读。而对于泰勒出版集团而言，又在图书销售的方面增添了额外的收入，成本低，收益大。2007年7月，泰勒与电子出版商Versaware达成了合作协议，后者帮助泰勒把1.7万种图书转换成电子图书。

目前电子书的销售和出租业务只占到图书销售总收入的6%左右，并不是泰勒收入的主要来源。但从发展来看，网上电子书出租前景广阔，关键是读者的阅读习惯，一旦读者慢慢适应了电子书网上阅读，体会到了其便利和优势，其市场将是可观的。虽然在现阶段可能网上电子书的出租和销售并不是主流，但随着科技的日益进步和读者的阅读习惯的改变，电子书很可能成为出版商重要的利润增长点。

三　积极提升数字出版能力

数字化出版已经成为出版业的大势，传统出版商需认真对待。而具有创新精神的泰勒集团早已着手提高自己的数字出版能力了。通过并购，泰勒吸收了许多优秀的编辑和作者，为其期刊内容的采集提供了极大的便利。泰勒借助与英富曼的联手，不仅获得了更为广阔的市场，而且英富曼在财经法律等商业出版领域颇有作为，在期刊推广方面拥有丰富的经验，并拥有强大的专业数据库，从而使泰勒能对自己的学术期刊数据库进行深度开发。

如图3所示，泰勒在国际贸易中期刊销售优势比较突出，这主要得益于它专业期刊制作的经验和大批优秀的人才。这使得其期刊具有权威性，深受读者欢迎。这也是泰勒集团深度开发期刊数据库的重要前提之一。

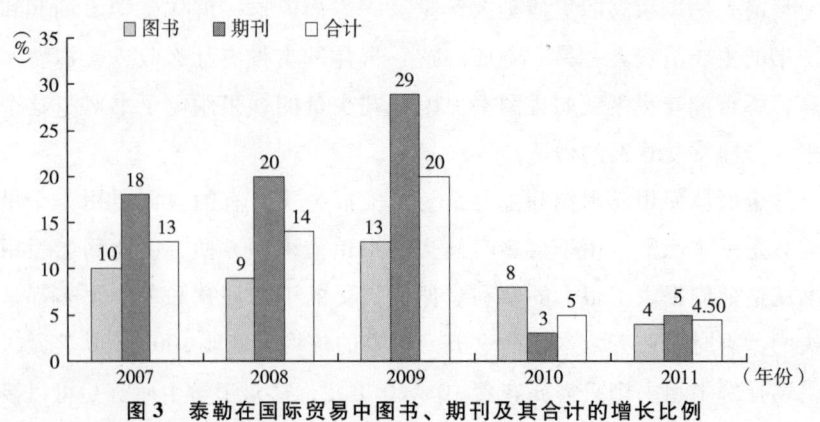

图3　泰勒在国际贸易中图书、期刊及其合计的增长比例

资料来源：泰勒 2011 年年报

作为世界上最大的学术出版集团之一，泰勒集团的旗下已经出版了 1240 种学术期刊，其中 235 种期刊被 SCI 收录，占泰勒集团出版期刊总数的 1/5[①]。泰勒集团不但出版学术期刊纸质图书，在新形势下更把重点放在了深度开发学术期刊数据库上。泰勒·弗朗西斯出版集团的 T&F 学术期刊数据库收录了自 1904 年以来 1000 多种经专家评审的高质量期刊，包括来自社会科学与人文科学先驱出版社 Routledge 以及声誉卓越的 Psychology Press 的期刊，有基础科学、工程科技、农业科技、医药卫生科技、哲学与人文科学、社会科学、信息科技和经济与管理科学等在内的各专业的期刊全文数据库。T&F 学术期刊数据库的优势在于每篇期刊文章的知网版集成了与该文章相关的最新文献信息，出版速度快，可以完整展现与该文章研究主题相关的国内外发展趋势，可以浏览作者与作者单位在各种出版物上发表的更多信息。

例如泰勒和中国知网合作打造的 T&F 期刊数据库（知网版）收录了 informa world 平台上的所有电子期刊资源。每篇文章除了包含期刊名称、出版社、ISSN、卷、期、文章名称、DOI、关键词、摘要、作者、作者单位等基本信息以外，该数据库还包含了大量的中国国内相关文献信息，这些信息来源于 CNKI 各大数据库，通过 CNKI 知网节与 T&F 外文文献建立

[①] 《中国测绘科学研究院张继贤院长与国际著名的出版集团——泰勒·弗朗西斯共同签署影像和数据融合国际期刊出版合同》，《遥感信息》2009 年第 3 期。

深度关联，实现了同一平台上中外文献的无缝链接。读者可以通过期刊名称、ISSN、作者、作者单位、关键词、摘要、DOI等检索项在该数据库中进行检索。读者可以在该数据库中免费查询自己所需的中英文期刊。同时该数据库还有一个特色，它有一个CNK翻译助手，用来帮助读者理解在阅读外文文献时遇到的生僻难词，非常实用。

T&F学术期刊数据库的特色在于：①全球协作，它与世界各地的研究人员、学术团体、大学和图书馆合作，其内容涵盖人文科学、社会科学、科学与技术的所有领域；②本地支持，泰勒的职员通过公司的全球网络，为编辑人员、协会学会和作者提供本地化支持和服务；③服务作者，通过专职的作者服务团队支持作者。从交稿的那一刻到出版，都运用技术协作作者，为他们提供高品质服务。T&F学术期刊数据库正在成为专家学者利用率较高的数据库之一。

另外，泰勒还一直致力于改进期刊的出版流程。它以网络为基础，确保作者能随时追踪其稿件的审阅进度。加强了与其他出版商的合作，包括在投稿过程中使用的汤森路透的在线投稿系统（Scholar One Manuscripts）和在编审过程中使用的中央文章追踪系统（Central Article Tracking System）。并且通过iFirst等在线发表平台，使作者的最新研究成果尽可能快地发表，节约了出版时间。泰勒集团还致力于推出新兴领域的学术期刊，并将学术期刊的出版和科学研究紧密结合起来，使得产、学、研一体化。

结论

面对数字革命的挑战，泰勒·弗朗西斯出版集团可谓下足了功夫。前期通过并购积累了资源和市场，强化了品牌，形成了规模优势。中期通过开发网上电子书出租等新业务，积极发掘和培育新的利润增长点。不仅如此，泰勒·弗朗西斯出版集团还通过深度开发自己的学术期刊数据库积极提升自身的数字出版能力，着眼未来，强化自己的优势和特色。

泰勒·弗朗西斯出版集团所做的一切其实都和其不断创新的企业精神息息相关。在数字化转型来临之际，谁有长远的眼光，谁有创新思维，谁能推出更多符合读者需求的产品，谁就拥有了未来。

参考文献

[1] Annual Report 2011, http://www.informa.com.
[2] Taylor & Francis Group, http://baike.baidu.com/view/5932114.html.
[3]《泰勒·弗朗西斯出版集团》，http://baike.baidu.com/view/3361391.html。
[4]《泰勒·弗朗西斯出版集团：学术出版要"搞好关系"》，《中国图书商报》2006 年 1 月 17 日。

The Strategies of Taylor & Francis Group to Adapt to Digital Publishing

TANG Rui, SUN Wanjun

(Beijing Institute of Graphic Communication, Beijing 102600, China)

Abstract: With a history of 200 years, Taylor & Francis Group has developed into one of the biggest academic publishing groups in the world. Looking back to its development, we can see that innovation is at the core. Facing the age of digital publishing, Taylor & Francis strengthened its position in the market by purchasing and merging. To meet challenges it has developed such new services as e-book lease and sale. To seek further development, it has innovated its database of academic periodicals. What it has done helps the group complete the digital transformation and grow into one of the giant in competitive publishing market.

Keywords: merging; E-book lease; database of periodicals; digital publishing

数字音乐如何走出版权困境

丁 振 魏 超

(北京印刷学院，北京 102600)

摘 要：新媒体的出现给传统音乐产业带来了巨大的挑战，本文从媒介的视角来探讨数字音乐发展中所遭遇的版权问题，试图为数字音乐建立一个适应新媒介环境的信息补偿方式，并提出将音乐服务作为在线音乐平台发展的着力点。

关键词：数字音乐 版权观念 音乐服务 人性化

媒介技术的迅猛发展加速了音乐产业的数字化转型步伐，传统音乐产业的生产、复制和传播模式在新媒介环境之下面临着巨大的挑战。从唱片年代起，音乐产业就一直为版权问题所困扰。得益于计算机技术的进步，更多的人可以参与到音乐作品的创作与传播中来，同时互联网，尤其是移动互联网的普及，进一步提高了音乐作品复制的便利性和传播的广泛性，又给饱受盗版之苦的音乐产业带来了新的挑战。虽然就目前来看，全世界对版权的保护机制在不断完善，但音乐版权保护在新媒介环境中仍显得力不从心。本文将从数字音乐版权保护和服务两个方面对数字音乐产业的发展和未来进行探析。

一 数字音乐的版权困境

在以光盘和磁带为代表的唱片年代，音乐产业虽一直为盗版问题所困扰，但凭借一整套比较完善的制作、推广、发行模式，唱片公司还是赚得盆满钵满。可是好景不长，互联网的普及助长了数字音乐的盗版问题，唱片公司销售大幅下滑，而在线音乐网站长期依靠风投输血，盈利能力匮乏。可以说，在新媒介环境下，音乐的版权保护面临着前所未有的挑战。究其原因，笔者认为可以大致概括为以下几点。

（一）复制成本大幅降低，盗版音乐屡禁不止

早期音乐制品大多以黑胶唱片、磁带光盘等有形实体制品为主，受到音乐制品载体的物理性质的制约，盗版音乐制品的复制需要一定的场地、技术和资金等的支持，因而，在这一时期，盗版活动的门槛相对较高。这就使得盗版活动虽然屡禁不止，但始终被控制在一个相对有限的范围之内。而数字音乐的出现，却完全改变了这种局面。数字音乐使得音乐内容可以摆脱物理载体的限制，点击鼠标就可以完成音乐的复制和传播，而且音乐品质不会因多次复制和传播而发生损耗。此外，数字音乐的盗版活动的主体从个别的盗版商变成了互联网数字音乐的分享者，传播主体的多样性和传播的便利性大大增加了版权保护的难度，这也成为数字音乐对传统唱片业带来致命打击的原因之一。

（二）互联网的开放与免费，导致用户付费观念淡薄

20世纪90年代中期，以MP3格式为代表的数字音乐伴随着互联网和计算机技术走进了我们的生活。受限于当时的网络带宽，在互联网上传播的音乐文件体积小、音质差，不仅不能够对唱片公司的销售产生负面影响，反而由于歌曲在网络上的流行为唱片公司做了免费的广告，所以此时唱片公司对盗版的数字音乐持一种放任的态度。这在某种程度上纵容了免费盗版音乐在互联网上的传播，而用户传统的为音乐付费的观念也在这种环境下逐渐被消解。以往为了获取盗版唱片，受众不得不购买还需要支付相应的费用，而到了数字音乐时代，受众开始变得不再愿意为音乐付费。随着互联网的普及和宽带布局的提速，唱片业逐渐地意识到数字音乐对传统唱片产业的巨大冲击力，纷纷拿起法律武器维护自己的合法权益。而这一举措类似亡羊补牢，为时晚矣。在新媒介环境下，传统唱片业始终无法摆脱一步步走向凋敝的命运。

（三）版权保护只堵不疏，观念陈旧

媒介技术的进步始终是信息传播革命的驱动力量，数字音乐的出现从容地克服了以往实体音乐制品在复制和传播等方面的种种局限，开创了音乐产业的新时代，而人们的版权观念还停留在传统实体音乐制品上。麦克卢汉认为版权是印刷机的产物，只有当机器替代人手时版权才有意义。如果印刷机前所未有地大批量生产书籍，知识产权的保护固然必需；如果文本和数字化的信息同样前所未有地增长，知识产权的保护似乎就不太可能。① 在传统唱片出版业中版权的繁荣同样也处在一个狭窄的版权环境范围之内，实体音乐制品的复制需要专业的技术，这就意味着盗版活动的源头数量是有限的，而在数字媒介环境下，盗版活动的主体从有限的个体变成全体网民。数字音乐的复制和传播活动的成本几近于零，互联网精神又驱使着他们乐于和网友分享自己的音乐，这种自下而上的分享行为是难以进行有效管理的。因此，现有的版权法对于音乐产业来说虽然十分必要，但收效甚微。

二 数字音乐版权保护如何走出困境

数字音乐的版权保护问题一直是困扰整个产业发展的巨大问题，在线音乐网站要想获得长久的发展，首先就要解决版权问题。但是，我们应该意识到，建立在传统实体唱片基础上的版权保护观念在数字时代不能有效地发挥作用，这主要是因为：第一，版权保护成本的增加；第二，违背了互联网开放、共享的精神。因而，现有音乐版权保护的困境使我们不得不寻求更好的方式来促进音乐产业的健康发展。笔者认为，在新媒介环境下，只有对传统版权观念进行借鉴和突破，才有可能实现有效监管。具体意见如下。

（一）建立狭窄的版权范围，减少监管对象

版权问题由技术进步而产生，也必将由技术的进步来解决。苹果iTunes模式的成功就归功于建立了一个特殊的封闭环境，但是这只是传统

---

① 保罗·莱文森：《软利器》，何道宽译，复旦大学出版社，2011，第172页。

版权观念在互联网上的延伸，笔者认为这并不具有普适性。解决数字媒介环境下音乐版权保护问题就要以不违背互联网精神为前提建立一个狭窄的版权范围。

传统的实体音乐制品的版权范围狭窄，是建立在普通人无法复制的基础之上的，监管的对象是数量相对较少的盗版工厂，所以降低数字音乐版权保护的成本就是要降低监管的数量，从监管所有网民向监管部分网络服务商转移。而云音乐服务就为这一转变提供了可能，当音乐都存储于云端，版权保护的监管对象就变成了互联网云服务提供商，人们分享或传播的仅是歌名或者是播放列表。

云音乐的成功的必要条件一方面是互联网，尤其是移动互联网的普及；另一方面则是人性化的音乐服务。智能终端设备的普及使得音乐需求越来越呈现出碎片化趋势，碎片化时间恰恰是人们离开电脑、离开互联网的时段，加之移动互联网费用高、速度慢，使人们习惯于下载复制音乐到本地存储设备。但是，如果网络无处不在，同时，音乐服务又能够人性化地推送歌曲，那么下载音乐就变得多此一举了。根据摩尔定律，互联网的普及和提速需要的只是时间而已，所以围绕着数字音乐而产生的增值服务就成为解决版权问题的关键。

（二）由依靠信息付酬转向依靠信息完成的任务付酬

电子媒介尤其是数字媒介使信息很容易从容器中分离出来，既然如此，我们在进行信息交换时，就不再受物体形而上属性束缚，也不再受物体的经济后果束缚。数字音乐的迅猛发展离不开互联网的普及，数字音乐在传播时，时空障碍完全消失，并可由无限人播放，播放的次数越多，其价值越高。网民一旦将音乐作品分享到网络上，理论上就等同于对全体网民免费共享，加之互联网使数字音乐的传播和复制成本几乎为零，所以消费者便不再愿意为音乐付费。因此传统信息内容以售卖为主的信息补偿方式在数字化模式中显然不能够发挥有效的作用，所以巴洛提出了数字时代信息补偿方式的一种模式：为靠信息完成的任务付酬，而不是为信息付酬。[①] 也就

---

① 保罗·莱文森：《软利器》，何道宽译，复旦大学出版社，2011，第167页。

是说在互联网时代，音乐产业要从以音乐作品销售为主的模式转变到以提供音乐服务为主的模式中来，以免费的音乐作品为基础，依靠提供相关的增值服务作为其赢利点。

数字媒介使得原有的信息补偿方式变得不再适用，人们不再愿意为互联网上俯拾皆是的内容付费，但是，如果不对内容创作者的生产活动付酬的话，那将耗尽我们的内容资源，所以版权问题实际上是一个利益分配的问题。既然音乐内容趋于免费，那么音乐服务就会成为对内容创作者进行物质补偿的利润来源。

音乐服务将会成为网络音乐平台的主要收入来源。互联网虽然是一场免费的盛宴，但是免费仅限于机器或通过网友协作就可以完成的简单业务。专业化的信息内容和服务，由于自身的稀缺性，是永远都不会免费的。所以互联网流行的商业模式都是将免费的基础服务和收费的增值服务结合起来。增值服务面向于有特殊需求的小部分群体，而这小部分群体又是从基础服务的对象中转化而来，这是相辅相成的关系。完善互联网音乐服务平台的基础服务，当用户觉得下载和复制音乐到本地磁盘是一种负担时，那种自下而上的盗版活动就可以得到有效的缓解，而增值服务的收入又可以部分转为内容创作者的酬劳，从而维持一个良性的循环。

（三）减少"信息超载"，提高小众音乐"信噪比"

新技术、新媒介的应用为音乐的制作、推广提供了新平台，使一些独立音乐人和小众音乐能够被更多的人所熟知，极大地丰富了音乐资源。现在国外主流在线音乐平台的曲库容量都在千万级别，而国内一线音乐网站的曲库都在百万以上，然而每个受众欣赏歌曲的时间和喜爱的歌曲却是有限的。如何能够让受众在有限的时间内听到好听的歌曲，在这时就显得格外重要。数字时代是一个信息爆炸的时代，人们面对海量的信息时，选择的负面效应就开始显现，信息超载的问题使许多人对于技术持怀疑态度。莱文森则对"信息超载"现象提出了不同的意见，他认为"信息超载"实为低载的超载，信息超载的问题是技术不足产生的，因为这个新的领域里支持我们认识能力的社会结构和技术结构，尚不足以承担信息处理的问题。① 实体音像店拥有足够的分类信息，所以顾客不会有选择的困惑，因此，数字音乐服务就是要弥补互联网缺失的导航信息，将合适的歌曲推荐给合适的受众。百万级别、千万级别的曲库无疑是拖着巨大的音乐长尾，长尾的头部是家喻户晓的大热门歌曲，越是到尾部就越是不为人所知的冷门歌曲、小众歌曲。位于长尾模型尾部的利基市场的音乐作品因为普适性的问题不能迎合大部分受众的喜好而长期得不到关注，所以，音乐服务的首要目的就是将受众的注意力从长尾的头部逐渐向尾部转移。

音乐和其他艺术创作一样，没有一个客观公正的评价标准，作品的好坏相当大一部分取决于个人的主观感受。小众领域的不同之处就是某个人的"噪音"却是另一个人的"信号"。② 在音乐长尾中的任何一个环节都存在着大量"信号"，无非就是在尾部夹杂着大量"噪音"罢了，音乐服务的核心就是提高尾部的"信噪比"，根据受众的喜好来推荐歌曲。

Web2.0 时代强调的开放、互动等特性为社会化媒介的发展提供了巨大的便利条件，除社交网络外，音乐服务也融入很多社会化元素，出现了一些新型的音乐服务。早期的互联网音乐平台主要提供主流媒体在线试听和下载这两种服务，而融入社交元素的新型音乐服务则是借助关系和兴趣将受众聚合起来，通过分享和协作来发现和试听音乐。人们对事物的选择是有倾向性的，他们更愿意接受那些与之具有相同背景、兴趣等人的意见，所以小群体之间的音乐推荐的准确率要高于网站编辑推荐。比如国内的豆瓣音乐，以小组的形式将有着相同兴趣爱好的用户聚合起来，这使得原本分散的小众音乐爱好者得以有一个交流的空间。豆瓣音乐聚集了一帮小众的文艺青年，他们分享音乐、交流感受，使得以前无人问津的音乐类型开始被人们试听、下载。此外他们还为歌曲加标签、作评价，这生成了网站的绝大部分内容，不仅提高了榜单的权威性和分类的准确性，更重要的是通过用户协同过滤这样一种机制网站能够更好地知道每一位用户的音乐喜好，为用户量身定做播放列表。

---

① 保罗·莱文森：《莱文森精粹》，何道宽译，中国人民大学出版社，2007，第 134 页。
② 克里斯·安德森：《长尾理论》，乔江涛译，中信出版社，2012，第 156 页。

（四）提供"人性化"音乐服务，增强用户付费欲望

数字音乐的基础服务应该以人性为主，而社会化音乐的盛行就是很好的例证。社会化音乐用以用户关系为核心的音乐分享和推荐机制代替以往的网站编辑推荐，毫无疑问用户要比编辑更懂得用户，所以社会化音乐更讨用户的欢心。但是社会化并不能完全代表音乐服务的人性化，音乐服务的人性化趋势应该回归到音乐需求的最初始状态。一切媒介的进化趋势都是复制真实世界的程度越来越高，其中一些媒介和真实世界达到了某种程度的和谐一致，即是早期的人类也和传播环境达到了某种程度的和谐一致。① 人类音乐需求的初始状态就是回归到前技术环境，没有时间地点限制地想听什么就唱什么的状态。

这就要求音乐服务首先做到在时间和空间上的全覆盖。音乐需求受技术进步的刺激呈现出碎片化趋势，在上班、放学的路上，工作、学习的间隙和睡觉前等都会有音乐需求，借助移动互联网和智能便携设备搭建的音乐云服务平台就可以随时随地满足用户的需求。其次，要求音乐服务在内容投递上越来越智能化，根据用户的音乐品位、心情、所属的环境等准确地推送用户喜欢的歌曲。通过云服务在时间和空间上的全覆盖和智能化的音乐推送服务努力做到让音乐成为受人类大脑支配的身体的一部分。

音乐内容的创作者、生产者和传播者的存在归根结底都是依靠音乐受众的消费行为来维持的，如何最大限度地刺激音乐受众的消费欲望成为音乐服务商最关心的方面。音乐天然就具有娱乐属性，把音乐欣赏行为赋予更多的娱乐元素，将音乐欣赏从单纯的"听音乐"转换到"玩音乐"，不仅能够大幅度提高受众的卷入程度，而且能更有利于刺激受众的消费欲望。纽约的一家音乐服务商 Turntable 一经推出就爆红于网络，国内多米和虾米音乐也都竞相模仿。与其称它为一款社交音乐服务，不如说它是一款音乐游戏。它模拟 DJ 的现场打碟，用户不仅可以听音乐、及时交流互动，还可以创建房间、抢 DJ 台为大家播放歌曲，更可以购买虚拟物品装扮形象或是赠送礼品给好友。Turntable 以新颖的音乐推荐机制配合良好的用户

---

① 保罗·莱文森：《莱文森精粹》，何道宽译，中国人民大学出版社，2007，第 34 页。

激励体系打破了音乐服务和社交游戏之间的间隔,以网络游戏的运营模式来经营音乐服务可以在一定程度上解决在线音乐服务商盈利能力匮乏的问题。

因此,更加人性化和以人为本的音乐服务不仅是解决数字音乐版权困境的有效方法之一,也可以是在线音乐服务平台的主要收入来源,必将推动整个数字音乐产业的健康发展。

The Measures for Digital Music Avoiding Copyright Dilemma

DING Zhen, WEI Chao

(Beijing Institute of Graphic Communication, Beijing 102600, China)

Abstract: The new media brings about enormous challenges on traditional music industry, this article discusses copyright problems of digital music from the view of media, trying to establish information compensation way of adapting new media environment, and puts forward the music service focusing on the online music platform development.

Keywords: digital music; copyright concept; music service; hommization

·新闻与出版·

大众文化心理与新媒体新闻传播特性探析[*]

杨艳琪

(北京印刷学院,北京 102600)

摘　要:大众文化心理对于新媒体新闻的传播有着重要影响。本文意在探讨在新媒体环境下,大众文化心理的呈现态势和新媒体新闻传播的关系。本文认为,大众文化心理在新媒体环境下呈现出自由和平等的心理诉求、道德诉求和人文关怀、娱乐与宣泄、对抗和身份认同、展示和围观等多种态势。而在大众文化心理影响下的新媒体新闻传播,呈现出焦点移位和不确定性强、情感和情绪的激发成为新媒体新闻传播的重要因素、大众自传播控制力弱的特点。

关键词:大众文化心理　新媒体　新闻传播　特性

在以数字技术为核心的新媒体环境下,传统媒体传播新闻的点对面的传播模式发生了改变。在邱林川主编的《新媒介事件研究》中,提到学者 Castells 在其著作中提出了 mass self-communication 的概念,可以翻译为大众自传播。[①] 在新媒体形成的公共空间内,大众自传播已经成为相当强大的传播力量。而形成这股强大的传播力量的重要因素——大众文化心理——不容忽视。朱顺慈在她的文章中说:"麦奎根认为,哈贝马斯提到的公共领域的概念,未考虑到情感在公共空间发挥的作用。他提出了文化公共领域的说法,指出那些在大众媒体和流行文化产品中常见的情感表

---

[*]　本文系 2013 年度北京印刷学院校级重点资助项目"新媒体新闻传播研究"成果之一。
[①]　邱林川:《新媒体事件研究》,中国人民大学出版社,2011,第 5 页。

达,虽然看来不那么理性,却也透露了人们的思想、感情、想象和纷争。在这个文化公共领域中,这些由情感主导的观点跟理性的思考同等重要。"[1] 引用这段话,是为了说明,麦奎根认为人们在新媒体空间表现出的情感、思想、想象和纷争非常重要,而这些是由人们的文化心理决定的,所以,文化心理对于新媒体传播的影响是值得探究的领域。

一 新媒体环境下的大众文化心理

传播学的早期研究者、加拿大的尼尔斯和麦克卢汉,都强调了媒介给人们和社会带来的各种变化。新的媒介会对社会形态和社会心理产生深重的影响。那么,在新媒体环境下,大众文化心理呈现出什么样的状态?

(1) 自由和平等的心理诉求。自由与平等,是人类发展的理想状态,也是人性中的本质要求。所谓的理想状态,即是在现实中受到限制、难以达成的状态。相对于现实世界来说,新媒体构成的虚拟空间更具开放性。人们在网络空间中,享受着自由发布信息和传播信息的便利,享受着比较平等的话语权力。网络匿名制,就像一场假面舞会中的面具,无论现实中的你是王子还是乞丐,都能在面具的遮掩下随意表演,而无论是对于演出者还是观众,身份并不重要,其在网络世界中的地位是平等的。

(2) 道德诉求和对弱势群体与底层民众的人文关怀。新媒体的发展,改变了传统的媒体中社会精英占据主体霸权的地位,草根大众在传播中占据了重要的地位。因此,对于弱势群体和底层百姓的人文关怀,是草根民众由于感同身受而自然产生的心理状态。而对道德的诉求,是中国传统文化积淀下来的集体潜意识,也是网民集合起来形成巨大力量的核心凝聚力。

(3) 娱乐和宣泄。在新媒体传播环境下,网络被形容成一个类似狂欢广场的东西,很多人开始借用巴赫金的狂欢理论,巴赫金把狂欢式的

---

[1] 朱顺慈:《YouTube 与集体行为:网络视频"巴士阿叔"个案研究》,邱林川主编《新媒体事件研究》,中国人民大学出版社,2011,第 21 页。

世界感受概括为随便而亲昵的接触、插科打诨、俯就、粗鄙四个范畴,在狂欢广场中,没有舞台,没有脚灯,没有演员,没有观众……这是展示自己存在的另一种自由的形式,"在狂欢节上,人们通过加冕、脱冕、化妆、戴上面具等方式,暂时地、象征性地实现自己改变地位和命运,拥有财富、权力与自由的美梦"①。对于广大网民来说,利用网络象征性地实现财富和权力梦想,并不是他们网络活动的主要目的,娱乐和宣泄对于他们来说才更具有网络狂欢的意义。他们在网络上使用各种有趣的网络语言,在网络上的戏谑和娱乐,使他们放松身心,逃避现实世界的沉重感。对于新媒体新闻中的事件主体,除去一些冲破道德和法律底线的众矢之的类的事件,他们更多地是以一种戏谑的态度围观和参与,例如各种网络恶搞。对于网民来说,新媒体新闻事件中的主体的是是非非,他们并不是很关注,他们所关注的是,自己从这个事件中所获得的娱乐快感,或者在对新闻事件主体的嬉笑怒骂中宣泄自己在现实生活中压抑的某种情感。

(4) 对抗和身份认同。卡茨和里布斯在对媒介事件的原有内涵进行修订的时候提出,媒介事件除了挑战、征服和加冕外,还有幻想破灭、脱轨和冲突几种类型。在新媒体新闻传播中,由于网民对话语权的争夺,以往媒体建构的仪式化的传播方式已经被取代,而"新公共空间的特征便是散布各式各样互相对抗的不协调的影像"。在网络空间中,对抗几乎随处可见。网络作为草根民众活动的舞台,对社会精英的话语霸权的对抗,对社会不公正的对抗,随处可见。例如网络上把专家称为"砖家",对传统意义上的知识界的精英和权威表示出嘲弄和蔑视。而愤青一词更是凸显了网民对社会的愤怒和对抗。卡斯特在《身份认同的力量》一书中,指出对抗是网络时代身份认同的主要类型。他认为,对抗类型的身份认同源自处于不同的社会地位和角色,因与社会机构之间处于原则对立而被贬损,由此而形成的处于对抗的、用反排斥来自我保护的行为,最终加深了已有的共同身份的认同和边界。网民通过对抗来表达对既有社会不公的怀疑和敌对态度,同时,又因为对抗而形成了对彼此身份的认同,结成了更牢固的思

---

① 叶虎:《巴赫金狂欢理论视域下的网络传播》,《理论建设》2006年第5期。

想上的统一战线。

（5）展示和围观。在新媒体环境下，低门槛的准入限制，给大多数人以表现和展示的广阔平台。传统媒体一般会对展示者进行严谨选择和层层把关，最终能把自己展示给广大观众的只是少数人。而在新媒体环境下，多数人都可以用不同的方式来展示自己，平台也多种多样，人们可以通过博客发表文章或日志，可以通过微博发布见闻，可以通过论坛发起话题和讨论，可以通过视频网站发布视频，只要你的展示新奇有趣，就能吸引眼球，而旁观者越多越能引起展示者的满足和兴奋。马斯洛的需求理论中，把自我实现需求作为人的高级需求。在新媒体环境下，展示和被围观成为网民自我实现的一个方式。而围观的人，也会因为参与了一起吸引眼球的新闻事件而沾沾自喜。例如坐名人博客的沙发，即抢到回复第一楼。由于抢夺者多，所以即使不发表任何评论，能坐上沙发就已经喜不自禁。这种以形式替代内容的做法，表示了网友参与的热情。围观的另外一种态度，是看客心态。这时围观者就以一种看热闹的心态旁观事态的发展，给自己的生活增添一点佐料。

二　大众文化心理影响下的新媒体新闻传播特性

（一）新媒体新闻传播聚焦和失焦的不确定性强

由于数字技术的飞速发展，新媒体在传播信息方面，更加快速而广泛。人们每天一上网，所面对的信息量是极为庞大的。对于如此海量的信息，人们选择的是浏览方式。在进行大众自传播时，人们采用得更多的是转发方式，只需鼠标轻轻一点，信息就传播出去了，不需要太深入的思考，即使有一两句话的评论，也如蜻蜓点水，评论也更多是感性的话语。而这种即时性的感受和便利的传播，在大众文化心理上是难以留下持久的印记的。哈罗德·伊尼斯在《传播的偏向》一书中谈到，媒介会对文化产生重要的影响。他认为，信息的载体越笨重耐久，传播的内容越精挑细选，就更具备时间上流传久远的价值；而如果信息的载体轻便，虽然有利于空间上的扩张，但是在时间的传播上不易持久。联系到目前的新媒体，新媒体作为传播信息的载体，其便利易用性众所周知，正因如此，其中信息的价值含量却越来越低，它提供给人们海量的信息，并不需要人们的思考，只需要大家普遍地知道。人们也习惯了这样的传播方式，知道而不用思考，信息的更新又如此迅速，使人们对于信息关注的时间和耐力都大大削弱和减少。因此，在面对新媒体新闻事件时，人们会迅速地集聚传播，但是又很容易消散和忘记。在这样的大众文化心理影响下，新媒体新闻的传播呈现出聚焦和失焦的不确定性强的特点。

如2012年初，内地女孩香港地铁进食事件在网络上引起了轩然大波。此事件在新媒体传播过程中，从最初的风起云涌，到高潮迭起，再到后来的偃旗息鼓，比较耐人寻味。2012年初，在互联网上，一段视频引起了大家的注意。1月16日在Youtube上，有香港网民上传了一段因内地小女孩在香港地铁进食引发双方骂战的视频，标题为"火车内骂战，香港人大战大陆人"。在视频中可以看到，一内地游客带一小女孩乘坐地铁，小女孩在地铁里吃点心，一乘客提醒地铁里不能吃东西，更有一香港人拉动地铁制动按钮，然后双方开始大声对骂，随后骂战升级，内地游客的同行者和几位港人都加入"战团"。随即，这段视频在微博迅速流传，其夸张煽情的标题，吸引大量网友围观，有记者统计，至19日，该网站上这两段网络视频的观看人次总和已超过70万，评论帖子约一万条，且数字仍在上升。在新浪微博上，一则"内地游客在香港地铁进食引争执"为题的微博，附视频及贴图，同样引起广泛关注，网友转发近一万次，评论超过5000条；"微话题"中有近四万条相关微博。

然后，内地女孩港铁进食事件由个人骂战升级为两地网民的集体骂战，但是事件并没有就此结束，而是峰回路转，高潮迭起。邱林川在《新媒体事件研究》中说，"新媒体事件的一个特征就是事件发展的不确定性增强。"[①] 内地女孩港铁进食事件，在从个人骂战发展到香港和内地网民的集体骂战之后，骂累了总要歇一歇，事件已经发展到了高潮阶段，势必会有回落的趋势，相信过不了太久，这件事就会淡出新奇迭出的互联网，然而，作为新媒体事件，其发展的确是让人难以预料，一个高潮过去，下一

---

① 邱林川：《新媒体事件研究》，中国人民大学出版社，2011，第9页。

个高潮又到来了。把此次事件推向另一个高潮，其中成功吸引大众眼球的是北大教授孔庆东。

孔庆东自称是孔子后裔，其言论大胆，思想独特，早已是一个标新立异的文化名人。在某媒体针对内地女孩港铁进食对孔庆东进行采访的视频中，孔庆东语出惊人，说香港人都是狗。一语既出，天下皆惊。对于骂累了打算偃旗息鼓的两地网民来说，孔庆东的话好像一剂强心针，再次催发了他们论战的热情。

这个事件引起的轩然大波最后在主流媒体介入之后渐渐平息。一个月后，网络上对此事件就已经集体遗忘。又如汶川大地震中的范跑跑事件、火车脱轨事件，都在喧闹一阵之后归于沉寂，然后就鲜有人提及。在大众知道而不思考，宣泄即时感受的文化心理影响下，新媒体新闻传播的焦点很容易聚集也很容易消散。

（二）情绪和情感的激发程度是新媒体新闻传播强度的重要因素

Price 提出了三组概念：public、crowd and mass。这三组概念被学者翻译为：公众、群众和大众。其中公众是最易形成公民社会力量的人，具有理性思考的能力和公民素质；群众是因为有着相似的情感和经验而集结的人；而大众，是由匿名的个人组成，成员之间几乎没有互动和交流，大众的组成非常多样化，成员包括来自社会各阶层的人物。那么，在新媒体构成的公共空间里，新闻事件进行传播的时候，有独立和理性思考能力的公众，但我们可以看到，是较少的一部分，而推动事件迅速传播的，是群众还是大众？毫无疑问，在新媒体新闻事件发生之后，注重个人主义、不参与互动和交流的是围观的看客，这在网民中占据很大的比例，而推动新媒体新闻事件传播的，则是因为有着相似的情感和经验而大量集结的群众，他们相互感知，相互呼应，相互认同，共同推动了新闻事件在民众中的传播。而我们要注意的是，这部分群众是因为有着相似的情感和经验而集结，情感在他们传播新媒体新闻事件的过程中，起着很大的作用。

在上文我们提到，大众文化心理的一个表现状态是对抗和身份认同。新社会运动的理论家莫鲁奇认为，关于认同的研究过分偏重认知的内容

(如观念和思想），忽略了认同的情感内容。人们感觉到同属一个集体，这是情感投入。因为有情感的投入，所以集体认同就不是简单的患得患失的利益关系。激情、爱、信仰、忠诚等情感，在集体认同中均占有重要地位。往往是这些情感因素，鼓舞人们做出勇敢的抗争行为。杨国斌提出情感实现的分析框架，认为情感的实现同时也是认同的实现。①

从新媒体新闻事件的大众自传播中，我们可以感受到，激发网民迅速聚集围观转发评论的新闻事件，都在不同程度上激发了网民的各种情感，同情、悲悯、愤怒、热爱或者嬉笑。网民的感情被激发得越强烈，新媒体新闻事件的传播就越迅速越强势。

例如，一些民族主义事件，最能激发民众的民族情绪，自然相关新闻的传播也更加强势。近来中日钓鱼岛争端又成为民众瞩目的焦点。中日关系因为历史的原因，是民众中的一个敏感问题，一旦有导火索触发，就会引起民众的历史和民族情感。关于钓鱼岛事件，网友评论说："中国还剩一个人，我们就要保卫钓鱼岛到最后一刻"，"别人不管我们自己管，那是我们的领土"，"是中国的标记，永远不能被抢走"。还有网友评论说："看看历史吧，明治维新，让日本从一个封建国家一跃变为世界六个帝国主义列强之一，二战之后，仅仅过了20年，经济便重新腾飞，你说小鬼子已经变成了美国的看家狗，那么能否这样认为，这是小鬼子在故意示弱呢？建议你应该了解一下德川家康这个人物，在织田信长和丰臣秀吉面前，由于自身实力不足，只能隐忍。而现在的世界上，美国就是'织田信长'，日本人目前实力不足，也只能暂时对美国忍气吞声，须知让日本变成如今殖民地般的就是美国，日本人不可能忘记这个历史仇恨。我们当年把日本称为'蕞尔小邦'，可就是这个'蕞尔小邦'，让中国承受了深重的民族灾难，对于这个虎狼国家，绝不能放松警惕。"正是在这样愤怒的情感激发下，钓鱼岛问题得到了广泛的关注，有网民还制作了"保护钓鱼岛，钓鱼岛是我们的领土"的标语。

---

① 杨国斌：《悲情与戏谑》，邱林川主编《新媒体事件研究》，中国人民大学出版社，2011，第49页。

再比如一些娱乐事件，一些网络红人之所以走红，就是因为他们的出现引起了网民的戏谑情感。比如芙蓉姐姐、凤姐，她们本来资质平平，却因为各种自恋的行为引起网民的哄笑和戏谑而走红网络。

杨国斌说："社会运动学者认为，对于社会运动中情感因素的研究，有必要区分各种不同情感的不同作用。对国家机器的恐惧使人不敢参与抗争，而在民众中产生的愤怒、忠诚、爱、同情、信任、喜悦等情感因素，却能促使人们参与集体行动。本研究发现，在目前中国的网络事件中，最能够激发网民参与抗争的情感是愤怒、同情和戏谑。"[1]

情感和情绪的激发促进了新媒体新闻在大众中的自传播，但是从另一个方面来说，太过依赖民众情绪和情感激发进行传播的新媒体新闻，也很容易因为民众情绪和情感从高潮落入低潮而消解和散失，从而被遗忘。

（三）大众自传播控制力弱

新媒体兴盛以来，众多的新媒体事件，从最初的风起云涌，到后来的偃旗息鼓，其经历的时间长度都很有限。作为网民活动空间的新媒体，其在公共领域的作用是长于促进参与和辩论，弱于引导，对传播方向和内容控制力很容易丧失，且商业利益至上，以吸引眼球为目的，从这一点来说，网民在新媒体空间策划旷日持久的集体行为是较难实现的。新媒体新闻事件的起起落落固然和新媒体构成的公共领域空间的特殊性有关，也脱离不了大众文化心理的基础。

2007年卡茨和利布斯指出，媒体事件的三大类型是挑战、征服和加冕，在2008年，戴扬对此进行了修正，指出今天的媒体事件已经和以前的媒体事件有很大的不同，今天的媒体事件除了卡茨提出的冲突类型外，戴扬又补充了幻想破灭和脱轨两种类型。邱林川认为，"冲突、幻想破灭和脱轨，放到华人社会语境中，其实就是对底层民众的传播赋权。"[2]的确如此，网民在新媒体事件中，在新媒体新闻传播中的力量之大是不容小觑

---

[1] 杨国斌：《悲情与戏谑》，邱林川主编《新媒体事件研究》，中国人民大学出版社，2011，第49页。

[2] 雷启立：《新媒体的传播偏向与大众文化》，《传播前沿》2009年第6期。

的，但是在大部分新媒体新闻事件中，网民的力量，这种底层的传播并没有起到决定事件发展方向的作用，而主流媒体却能抓住时机，轻而易举地扭转事件发展的方向，弱化和转移了矛盾，一锤定音，结束论战，控制事件的发展。

由此看出，网民参与新媒体事件的传播，更多自发性、情绪性，但是缺乏理性和控制力。这给主流媒体留下了施展传播策略的空间。主流媒体能更专业更理性地实践传播理论，如议程设置理论，从而引导舆论，控制媒体事件的发展。在雷启立的《新媒体的传播偏向与大众文化》一文中，有这样一段话："今天的整个社会缺乏面对思想问题的争论和讨论，知识群体普遍的学院化和专业化，缺乏对新问题的介入，接受和传递信息依赖于成像和解读都迅速的印象式图画。在不思考和快闪文化中长大的青年一代，其所集聚、形成情感和思想的情形，恰如现代传媒一样，聚焦迅速、强烈。正由于这样，情感和思想消解、消失得也很快。"① 在这样的文化心理背景下，其自传播的缺乏理性思考和策划，传播的强度会因为情感的激发而增大，但是其持久性和控制力却不能高估。

Research and Analysis of the Mass Cultural Psychology and the New Media News Transmission Characteristics

Yang Yanqi

(Beijing Institute of Graphic Communication，Beijing 102600，China)

Abstract：Mass cultural psychology has important influence on new media news communication. In this text, the type of mass cultural psychology and the relationship with the new media news transmission will be discussed in the new media environment. The point of view is the mass cultural psychology has many types, for example, freedom and equality, moral and humanistic care, entertain-

---

① 邱林川：《新媒体事件研究》，中国人民大学出版社，2011，第8页。

ment and vent, combat and identification, shows and onlookers. The characteristics of the new media news transmission have three points, focus shifting and uncertainty, feeling and emotion are the important factors in the new media news transmission, mass self-communication has weak control.

Keywords: mass cultural psychology; the new media; news transmission characteristics

新闻媒体与公共关系的天然渊源和融合互渗[*]

丁光梅

(北京印刷学院,北京 102600)

摘 要:随着人类社会的迅速发展和公共关系实用性的增强,公共关系事业取得了令人瞩目的成就。公共关系事业的发展得益于新闻传播和沟通。新闻媒体和公共关系有着天然的渊源和密不可分的关系。这具体表现为:有组织的公共关系活动时期发端于报刊宣传;科学的公共关系活动时期始于美国的新闻揭丑运动——"扒粪"运动;现代公共关系史前期新闻媒体就有类公共关系举措;公共关系和新闻媒介互为中介;公共关系成为新闻媒体形象塑造、品牌经营传播的重要手段。

关键词:新闻媒体 公共关系 报刊宣传

新闻媒体是指专门从事新闻传播活动以满足社会大众新闻信息需求的社会组织或群体,如报社、新闻期刊社、新闻通讯社、广播电台、电视台、新闻互联网公司等。新闻媒体的信息传播需要有一种以上的固定媒介如新闻类报纸,新闻类期刊,广播、电视中的新闻频道,新闻网站,由新闻媒体和移动电信经营者合作推出的手机报等为依托(过去,我国的一个新闻媒体通常只运营一种新闻媒介,改革开放以后,许多新闻媒体陆续创办多样的新闻媒介产品)。所以也可以说,新闻媒体就是掌管和运营一定数量的新闻传播媒介的机构。[①] 新闻媒体采集、选择、输送、流布信息职

---

* 北京印刷学院校级重点资助项目,项目编号 E – a – 2012 – 10。
① 蒙男生:《媒体策划与营销》,中国传媒大学出版社,2008,第 27 页。

能的实现，离不开记者、编辑、校对、主持人、播音员等新闻从业人员。

公共关系是指社会组织为了生存发展，运用传播沟通手段来传播信息、塑造形象、优化组织内外部环境，赢得公众的理解、支持、信任、合作，建立和维持与公众之间互利互惠关系的思想、政策和管理职能。[①] 首次使用公共关系一词的是美国律师多尔曼·伊顿，1882 年，他在耶鲁大学法学院作了一次"公共关系与法律职业的责任"的演讲。1897 年，美国铁路协会主办的《铁路文献年鉴》第一次正式使用"公共关系"的概念。这使"公共关系"一词具有了科学的含义，并在社会上流行开来。

随着人类社会的迅速发展和公共关系实用性的增强，公共关系事业取得了令人瞩目的成就。公共关系的三大构成要素是社会组织、传播沟通、公众，在公共关系事业发展中，新闻传播和沟通功不可没。它既强化了公共关系在现代社会中的不可动摇的地位，也使得公共关系的理念越来越深入人心。那么，作为新闻传播机构的新闻媒体和公共关系之间到底是一种什么样的关系呢？从公共关系的产生、发展和运用来看，可以说新闻媒体和公共关系有着天然的渊源和密不可分的关系。这具体表现为以下几方面。

一　有组织的公共关系活动时期发端于报刊宣传

现代意义上的公共关系起源于美国，美国的公共关系起源于美国的独立战争，此后它的发展经历了几个不同的历史阶段：公共关系的黑暗时期——公共关系不再局限于政治活动和思想宣传活动，而是逐渐和谋利愿望紧密结合在一起，带有一定的组织性和较为明确的目的性，所以这一时期也可以说是"开始出现有组织的公共关系活动时期"；现代公共关系诞生的时期——以 1903 年美国著名记者艾维·李正式开办公共关系事务所为标志；现代公共关系科学化时期——以爱德华·伯内斯于 20 世纪 20 年代出版的系列公关专著为标志；全新的现代发展时期——20 世纪 50 年代以来，斯科特·卡特里普、艾伦·森特、詹姆斯·格鲁尼格、萨姆·布莱克等公关专家和大师的研究与探索，把公共关系这门学科推向了一个新的发

---

① 丁光梅：《谈新闻采编人员应具备的公关意识》，《北京印刷学院学报》2012 年第 3 期。

展阶段。美国有组织的、自觉的公共关系活动则发端于19世纪中叶的报刊宣传代理活动。

19世纪30年代，美国进入了以大众读者为对象、大量印发通俗化报刊的"便士报"时期。"便士报"的兴盛，给那些欲宣传自己、喜欢制造神话的组织提供了便利。当时，不少政治组织和公司企业专门雇用能在报刊上发表文章的记者和与新闻界有关系的人员为本组织撰写新闻稿，制造舆论，以此扩大组织的影响。这便是带有一定的组织性和较为明确的目的性的公共关系。报纸为了扩大发行量，也推波助澜，以杜撰的新闻吸引读者，以编造的故事激发公众的好奇、吸引公众的注意。由此开始了一个利用报刊为组织宣传和造势的报刊宣传代理新时期，这种报刊宣传代理活动在美国曾风行一时。

报刊宣传员、马戏团老板T.巴农是这一时期最具代表性的人物。巴农思想丰富、巧舌如簧，其工作名言是"公众应该受到愚弄"，工作信条是"凡宣传皆是好事"，而不论是非真伪。他为了马戏团的巡演发表了很多文章，因此以制造舆论宣传而闻名于世。[①] 政治组织、企业组织通过报刊为自己进行宣传造势的需求使得这一时期的报纸发行量猛增，但报纸上却充斥着神话般的假新闻，广大公众蒙受欺骗和愚弄。所以这一时期通常被称为公共关系的黑暗时期。

二 科学的公共关系活动时期始于美国的新闻揭丑运动——"扒粪"运动

19世纪末，美国进入垄断资本主义阶段。为了攫取利润，垄断财团不择手段，肆无忌惮，他们无视广大民众的利益和最起码的社会道德准则，"随意降低工人的工资，加重对工人的剥削，迫使许多人在恶劣、危险的条件下工作、生活；垄断市场、抬高价格、以次充好，坑害消费者，并对中小企业也造成很大的威胁"，[②] 不仅如此，他们对企业的丑闻也是守口如

[①] 弗雷泽·P.西泰尔：《公共关系实务》，潘艳丽、陈静译，清华大学出版社，2008，第25、28、34页。

[②] 弗雷泽·P.西泰尔：《公共关系实务》，潘艳丽、陈静译，清华大学出版社，2008，第25、28、34页。

瓶,或胡乱编造,并拒绝新闻媒体的过问,形成了封闭的企业象牙塔。于是,社会阶级矛盾日益突出,各个利益集团之间的冲突日益尖锐,整个社会都充满了对工商寡头的敌意。在此情况下,爆发了以新闻界为主体的揭露工商企业丑闻的新闻揭丑运动,史称"扒粪"运动。被称为"扒粪者"的记者、编辑纷纷以笔代枪,掀起揭丑运动高潮。1903～1912年近10年的时间里,纽约的《论坛报》《太阳晚报》等许多报刊陆续发表揭丑文章2000多篇,这使许多大企业声名狼藉。美国时任总统西奥多·罗斯福恼怒地称这些报刊是"粪耙",意思是他们只注意挖掘"粪便消息"、暴露大亨丑闻而对美好事物却吝词播报。

对于新闻界的揭丑,垄断财团可谓软硬兼施、用尽心机。他们先是以起诉新闻界犯了诽谤罪来进行恫吓,继而又以不在参与揭丑的报刊上刊登广告相威胁。在这些都不奏效的情况下,他们又试图对媒体进行贿赂和收买。一些大的财团还尝试19世纪报刊宣传活动的手法——通过雇用记者创办自己的报刊来杜撰新闻,自我宣传。结果适得其反,公众对垄断财团和大型企业的反感和不满与日俱增。于是,以说真话、道实情来赢得公众信任的主张被提出来,并逐步得到工商界人士的赞同。持这一主张的代表人物就是美国第一家"宣传顾问事务所"(创办于1903年)的创办人、被誉为公关之父的艾维·李。

艾维·李也曾是《纽约日报》《纽约时报》《纽约世界报》的记者。他审时度势,提出了要向公众说真话、道实情的重要公关思想。他认为如果真情的披露对公司、组织不利,那么就应该调整公司或组织的行为;公司对于外界的批评做出响应的唯一办法就是诚实、准确、有力地表达自己这么做的理由;公司应努力赢得公众的好感和信任,而不仅仅是安抚。他的信条是"公众应被充分告知","凡是有益于公众的事务必有益于企业和组织"。[1] 艾维·李还在他的《原则宣言》(发表于1906年)中指出:"这(笔者注:指艾维·李创办的宣传顾问事务所)不是一个秘密的新闻机构。我们所做的一切都是公开的,我们旨在提供新闻,但不是一个广告事务所。""我们的责任是代表企业单位及公众组织,就公众关心并与公众利益

---

[1] 张克非:《公共关系学》,高等教育出版社,2008,第15页。

相关的问题，向新闻界和公众提供迅速而真实的消息"，呼吁企业不要唯利是图，应该实现企业人性化，倡导公共关系应该进入企业最高管理层。在艾维·李的推动下，一些企业开始认识到公众对企业的重要性，开始改变对公众的态度，进而逐步赢得公众。如被公众称为"强盗大王"的洛克菲勒集团，就按艾维·李的设计，通过客观周密的公关调查、改善职工待遇、参与慈善事业等平息了工人的罢工，摆脱了"强盗大王"的臭名声，逐步在社会上树立起了良好形象。

艾维·李的出现不仅把公众利益和真实的精神带入公共关系领域，开创公共关系行业的先河，而且他的丰富的公关实践，也使公共关系以一种独立的社会职业朝着科学化的方向发展，他所创办的公共关系事务所标志着现代公共关系的诞生。

三 现代公共关系史前期新闻媒体就有类公共关系举措

作为一种全新的思想、系统的理论、新兴的学科，公共关系诞生于20世纪初，但作为一种客观存在，自人类形成社会、有管理组织起，公共关系就已经存在了。所以，在现代公共关系史前期，人们就不自觉地从事着各类具有公共关系性质的活动或采取具有公共关系性质的举措。如美国独立战争时期的鼓动家托马斯·潘恩、美国建国时期著名的科学家和外交家本杰明·富兰克林等都曾以类公共关系手段进行宣传鼓动。在新闻行业，也有许多公共关系举措。

1731年爱德华·凯夫创办的英国第一份综合性月刊《绅士杂志》坚持"合众为一"的信条，大胆突破政府限制，报道国会新闻并以高质量的稿件吸引读者，成为英国杂志史上发行最久、最负盛名的权威月刊。这反映了其较强的读者意识。

创办于1785年的《泰晤士报》，创办之初其经营管理和报道策划已经渗透着准公共关系思想。如深入了解基层的情绪和意见，并以此作为评论的依据；扩大报道范围，除报道国会辩论外，还公正翔实地报道各国动态、商业行情等；重视新技术，率先采用蒸汽印刷机、轮转印刷机，不断提高印刷质量和速度。

随着新闻事业的进一步发展，新闻媒体越来越重视受众的需要和感受，重视富有人情味的新闻报道，诸如"新闻的人情味""感情性""切身性""受众""人道主义"等字眼悄然出现于西方的新闻教材和新闻媒体的口号中。

《太阳报》（创办于1833年）的创办人本杰明·戴提出办报的目的是"办一份人人都能买得起的报纸，为公众提供当天的新闻，同时提供有利的广告媒介"，其新闻含有大量的社会新闻，写法也富有人情味。《纽约先驱报》（创办于1835年）的创办人詹姆士·贝内特提出了"人道主义""改革社会""真实公正"等目标口号。

四　公共关系和新闻媒介互为中介

（一）公共关系离不开新闻媒介

如前所述，公共关系的三大构成要素是社会组织、传播沟通和公众。任何社会组织都有一定的发展目标，而公共关系的目标便是社会组织发展的分目标、子目标。社会组织传递信息、协调公众行为、塑造良好的组织形象等公共关系目标的实现离不开传播。在公共关系传播过程中新闻媒介起到了重要的作用。组织要想提高知名度、美誉度、和谐度，必须通过新闻传播媒介。可以说，公共关系就是社会组织通过新闻传播媒介和其他传播媒介，在组织内部、外部形成的双向信息传递、流通网络。新闻媒介是公关传播的重要媒介。报刊、广播、电视、网站等新闻媒介不仅能满足受众对新闻的需求，还能引导舆论、影响社会心理，所以能否有效地利用各种新闻传播媒介，营造有利的舆论环境，是组织能否成功地开展各类公共关系活动的关键。

当然，要有效利用各种新闻传播媒介，各类组织的公共关系人员还要了解新闻传播的特点以及不同新闻媒介的传播优势和局限，懂得新闻传播规律。

（二）新闻媒介需要通过公共关系人员获取有关社会组织的信息

随着社会分工的专业化、多样化，各种新兴学科、新兴技术的不断涌现，不同的学科领域、不同的单位如何通过与外界的有效信息沟通来介绍最新研究成果、推广本学科本领域的相关知识就变得至关重要。而新闻媒介因时间、人力、物力、财力特别是记者专业知识所限,无法深入报道每一个专业领域的重要情况,这就需要相关组织的公共关系人员提供相应的信息。虽然新闻媒介和公共关系人员的立场、需要和动机存在差距,二者对组织信息的发掘角度不同,但新闻媒介和公共关系人员具有内在的、"血缘"的联系却是不可否认的。目前,公共关系在对各领域尤其是新兴学科领域的报道中,已经成了新闻媒介必要的补充。据统计,美国新闻报道的25%和公共关系人员提供的有新闻价值的材料有关,美国报纸新闻的60%、报纸头版新闻的30%来自公共关系人员,[①]日报中70%以上的内容都取材于公关新闻稿[②],而且这些数据还有进一步上升的趋势。

所以,新闻媒介和公共关系是互为中介的,缺少新闻媒介的公共关系和离开公共关系的新闻媒介都是难以想象的。

五 公共关系成为新闻媒体形象塑造、品牌经营传播的重要手段

中国人民大学舆论研究所所长、新闻学院教授、著名的媒介军师喻国明说:"现在媒介已经从卖内容、卖广告发展到了卖活动的阶段。"[③] 中国人民大学新闻学院教授、媒体公共关系专家涂光晋说:"今天媒体的竞争不仅是节目的竞争,媒体的竞争,更是品牌的竞争。构成品牌最基本的因素是媒体本身的知名度、美誉度和忠诚度,这三个方面实际是从公关的视角看的。"[④] 这就是说作为运作、经营新闻媒介,传播新闻信息,反映舆论的社会组织,新闻媒体要在社会巨系统中发挥功能,要适应激烈的传媒竞争环境,建立真正健全的现代企业制度,成为真正的市场主体,同样要运用公共关系手段,通过公共关系工作、活动同相关的社会公众包括内部员

---

① 明安香:《公共关系与新闻传播》,《新闻战线》1988年第1期。
② 弗雷泽·P. 西泰尔:《公共关系实务》,潘艳丽、陈静译,清华大学出版社,2008,第25、28、34页。
③ 杨浩:《媒介公共关系广告价值分析》,《新闻世界》2009年第7期。
④ 涂光晋:《新闻媒体公关传播与危机传播管理》,中国广播网,2008年,http://www.cnr.cn/2008zt/08gbfzlt/xccz/200812/t20081216_505178538.html,最后访问日期:2012年1月2日。

工和外部的政府公众,媒体受众(报刊的读者、广播的听众、电视的观众等),社区公众,广告客户,社会名流,媒体同行,与编辑部有业务联系的通讯员、专业作者,与生产技术部门有联系的供应商、分销商,与报刊发行部门有联系的发行公司、报刊零售公司等协调好关系,树立自身形象,宣传媒体品牌特征,"为自己做嫁衣"。

在国外,许多新闻媒体尤其是跨国传媒集团如维尔康姆、维旺迪、迪士尼、时代华纳、路透集团等为开拓媒介市场,都非常重视媒介品牌效应,重视通过公关手段和多种媒体的互动来进行各类公共关系管理和维系,建立和传播媒体的综合形象。

在我国,1988 年国家新闻出版署、国家工商行政管理局联合发布了《关于报社、期刊社、出版社开展有偿服务和经营活动的暂行办法》,提出媒体公共关系的新政策:经有关部门批准,报社、期刊社、出版社可以举办有关的文化交流活动或文艺活动;可以同企业或企业的主管部门联合举办新闻发布会、信息发布会以及技术交流推广活动;可以成立读者服务部;可以举办各种讲座、培训班、辅导班、函授学校等文教活动。这使我国媒体和公共关系的关系状态更加清晰和明朗。

近年来,我国有越来越多的新闻媒体立足于长远的品牌建设,不断运用公共关系管理手段,提高媒介知名度,增强媒介的核心竞争力。正如中国传媒大学教授黄升民所说:"现在媒体进行公关已是大势所趋。像《北京青年报》《北京晚报》等媒体已经从公关中尝到了甜头,《北京晚报》的《健康快车》栏目,通过吸收会员出版书籍等活动使得这个栏目深入人心,还有《北京青年报》举办的房展会,街头的宣传广告,还有《北京晨报》的读者旅游活动等等。"[①] 随我国政治、经济、文化改革的深入,新闻媒体和公共关系的融合与合作也必将呈现新的面貌。

[①] 转引自佳煜《媒体也需要公关》(下),《中国新闻传播学评论》,http://cjr.zjol.com.cn/05cjr/system/。

The Natural Origin and Fusion Infiltration of News Media and Public Relations

DING Guangmei

(Beijing Institute of Graphic Communication, Beijing 102600, China)

Abstract: With the development of human society and the public relations practicability becoming more and more strong, the public relations career have made remarkable achievements. The development of the public relations cause depends on the news dissemination and communication. The news media and public relations have a natural origin and inseparable relationship. The specific performance: the period of organized public relations activities originate in newspapers propaganda; the period of scientific public relations activities begin in the news recrimination movement of the United States— "muckraking" movement; the news media has kind of public relations action before the modern public relations media; public relations and news media are intermediary each other; public relations become important means of news media image, brand management communication.

Keywords: news media; public relations; press publicity

从"温岭虐童事件"看网络热点事件传播新动向

左 晶

(北京印刷学院,北京 102600)

摘 要:随着网络以及新媒体在我国的快速发展,网络热点事件在传播过程中呈现出一些新动向。更多新媒体参与到事件形成过程中,但在深入报道和形成舆论导向中传统媒体依然是核心。传统媒体及时、积极、客观参与网络热点事件传播,不仅能够促成网络热点事件达到传播高潮,还对舆论导向有至关重要的作用。

关键词:网络热点 传播 舆论导向 温岭虐童

2012年10月24日,一张"幼儿园老师双手拎男童双耳,将其拎至双脚悬空,小男孩表情极为痛苦,女教师脸上却笑容满面"的照片在微博中被曝光,进而被疯狂转载,在短时间内成为各类媒体热议事件。从表面看,此事件与以往由微博或论坛引发的其他媒介事件似乎没有什么不同,遵循"新媒体引发热点事件——传统媒体落地——网络转载——回归传统媒体"的传播路径。但是,如果对此事件细细追踪,我们可以发现"温岭虐童事件"的传播过程以及网民对此事件的反应与其他网络事件存在微妙的差异,这种差异体现出网络热点事件传播的新动向。本文就注重分析其彰显的新动向。

一 温岭虐童事件传播始末

前面提到的幼儿园教师微笑地拎着小男孩的双耳把他从地上拎起来的照片是微博为"将讲090080"的网友首先发布的。他是在玩微信时通过微信摇一摇的功能加了一个网名是Ladygaga的女孩为网友。10月24日接近中午,他突然在Ladygaga的微信相册里看到了一张令人惊悚的照片:一个女人拎着一个小男孩的双耳把他从地上提了起来,女人在笑,小男孩在大哭。他在震惊之余把这张照片给熟人传看,大家都分辨不出照片的真假。他就跟Ladygaga聊天,Ladygaga说她是幼儿园的教师,觉得照片很好玩。"将讲090080"跟周围人商量后,首先想到的是要把这件事举报给教育局。但连续打了5个电话没人接,最后接电话的人对他说他提供的这些线索没办法调查后,"将讲090080"到当地一家报纸求助。报社记者看了照片也判断不出真伪,不敢轻易刊登,建议他开一个微博发布信息并寻找知情人。"将讲090080"在报社的办公室里注册了一个新浪微博,也就是"将讲090080",他在微博中把手机里的照片公布出来。这张照片很快被"艾特"给了拥有众多"粉丝"的温岭人陈宇航。陈宇航参加过当地的微博达人秀,在当地小有名气。他也是一位新爸爸,看到虐童照片非常生气,他转发了这张虐童照片。1分钟内这张照片就被转发几千次,到了下午13点26分,已经有3万多人转发了此照片。

除了转发,网友们也开始进行人肉搜索,很快搜索出照片里的人是蓝孔雀幼儿园教师颜艳红,她的QQ空间被黑,更多虐童照片随即流到网络上。这时,温岭教育局认识到事态的严重,10月24日下午15点,温岭市教育局发了一个通告,责令蓝孔雀幼儿园作出深刻检查,并且将在2012年的年检中不合格。微博达人陈宇航看到通告后,又发了一条质疑的微博。"我觉得这个通告不对,这不是一个幼儿园信誉的事情,这关系到孩子的安全。"第二天早上,"将讲090080"的微博转发数达到了20万条。到了10月25日中午,微博转发量就达到了150多万条。

至此,"温岭虐童事件"成为网络热点,传统媒体迅速跟进。10月24日晚江苏卫视就对此事件进行报道,随后深圳卫视等相继报道。而且,中央级媒体也在第一时间进行了报道。中央电视台"东方时空"以及"新闻1+1"节目都在10月25日晚间专门对此事件进行报道和深入分析。"温岭虐童事件"的关注度达到一个小高潮。10月29日,中央电视台新闻频道"新闻1+1"再次报道此事件,引发第二轮的关注高潮。大众继续在网上讨论,传统媒体也在全面报道。

二　温岭虐童事件呈现的网络热点事件传播的新动向

第一，网络和新媒体的高自由度使其必然成为新闻信息的重要来源，更多新媒体及新功能必将介入事件传播。

网络和新媒体之所以能够成为重要的信息源，与网络和新媒体信息发布的高自由度密不可分。"将讲090080"在看到虐童照片后，最初向当地一家报纸求帮助，报社因为不能确定照片的真伪而不敢在第一时间作出报道。传统媒体即使在第一时间获取新闻素材，也很难在第一时间发布，它需要一个取证的时间。网络媒体则可以跨过这一步。尤其是微博，本身并不是新闻发布平台，只是信息平台。个人发布的信息并不需要承担新闻媒体所要承担的诸多责任。传播主体几乎可以不受任何限制地传递信息。在网络中很多由论坛或微博始发的信息都是虚假的，但只要没有造成极为恶劣的影响，并不会追究发布者的责任。传统新闻媒体则不同，一旦出现假新闻，其承担的后果比较严重。网络和新媒体的这种高自由度也必然使其成为重要的信息来源。

此外，在"温岭虐童事件"的传播中我们可以看到，此事件虽然由微博广为传播，但最初的原点是微信这个平台。而且"将讲090080"最初只使用微信，并没有开通微博，他是在需要借助网络进行信息传播时才临时注册微博。微信是腾讯公司于2011年1月21日推出的一款通过网络快速发送语音短信、视频、图片和文字，支持多人群聊的手机聊天软件。用户可以通过微信与好友进行形式上更加丰富的类似于短信、彩信等方式的联系。2012年9月17日，微信注册用户过2亿。在"温岭虐童事件"中，很多人都只关注了微博的影响力，而没有注意到微信在其中的作用。如果没有微信这个平台，虐童照片也许还要等很久才会被发现甚至有可能淹没在网络的海洋中。微博在我国是2009年以后才逐渐火起来的网络应用，但腾讯QQ早在2000年时就已经被网民们广泛应用，使用微信的人很多都是以前应用QQ的老用户。在此事件中，我们也可以看到，QQ用户和微博用户并不重叠。微信主要还是用于聊天，而微博则用于信息发布。不管怎样，在热点事件的构成中，更多的新媒体新功能将会参与其中并彰显其强大威力。

第二，一个网络事件，如果想对更广大范围的公众产生影响力，离不开传统媒体的积极跟进和二级传播。

在网络尤其是微博出现后，网络成为许多事件发展的原动力。但是通过对近几年网络引发的热点事件的调研，我们发现，传统媒体尤其是中央电视台对事件的介入，往往使事件的关注度达到高峰。例如，"温岭虐童事件"中，10月24日网友在新浪微博发布虐童照片，10月25日中央电视台在新闻频道《新闻1+1》和《东方时空》中做了第一次报道。10月29日《新闻1+1》中白岩松对此事件再次解析。对应百度指数的用户关注度，也是在10月25日和30日先后达到高峰。

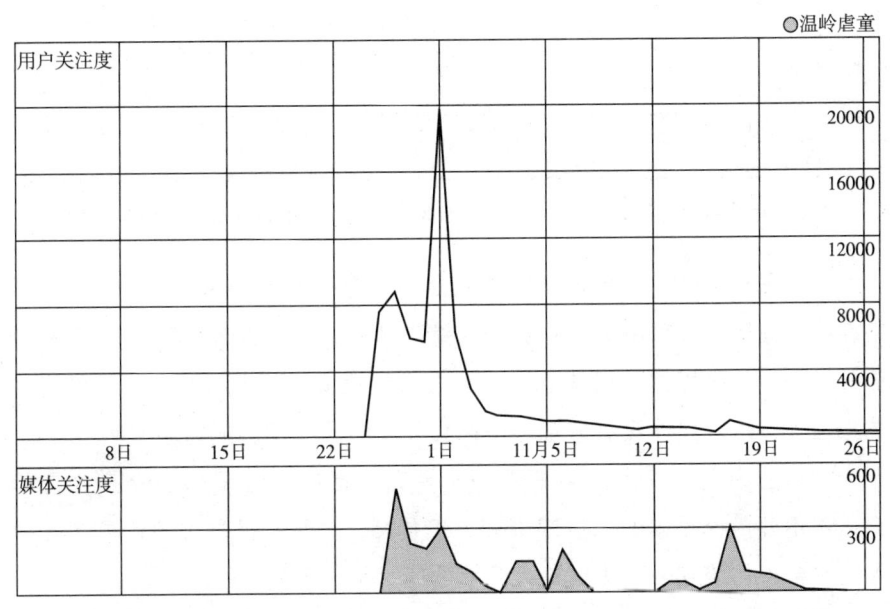

"温岭虐童事件"2012年10月1日至2012年11月27日的百度关注度指数

再看去年的网络热点事件"郭美美事件"，2011年6月21日郭美美炫富照片被发现并转载，6月25日中央电视台首次介入报道，郭美美事件的关注度逐渐达到高峰。6月29日，央视播出"郭美美事件始末"，盘点事件全过程，并详尽报道了红十字会的回应和解释。6月30日，针对"郭美美"事件新的发展，央视"东方时空"栏目再次播出"郭美美事件真相调查"，针对网友新的质疑作出最新报道。我们从百度指数中可以看出，"郭美美事件"受关注的高峰就在6月25日到7月2日这个时间段。

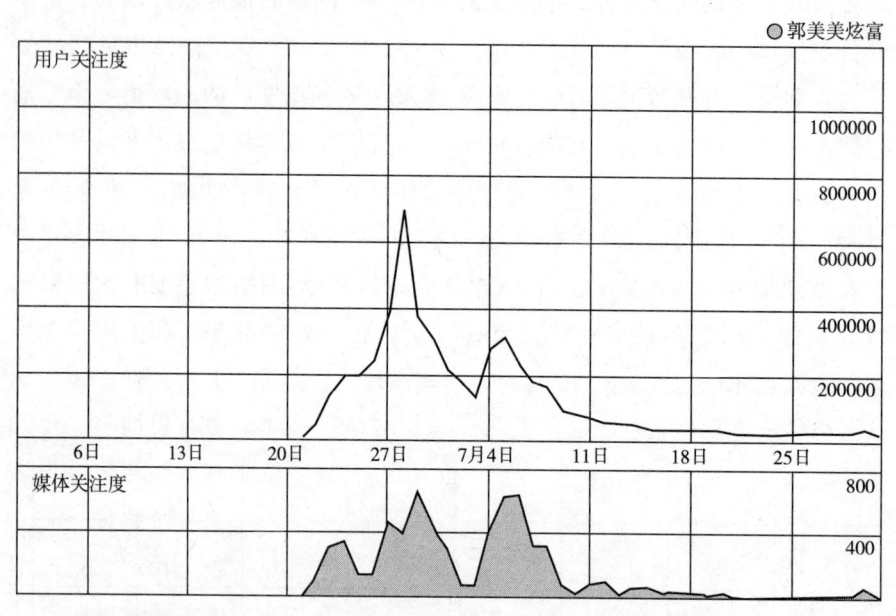

"郭美美炫富事件"2011年6月1日至2011年7月31日的百度关注度指数

樊亚平在《网络新闻传播产生社会影响力的一种特殊模式——兼论网络新闻传播的社会影响力》中指出传统媒体的"二级传播"模式："网络媒体报道——传统媒体积极应和——社会关注度高（即影响力大）；网络媒体报道——传统媒体没有应和——社会关注度低（即影响力小）"[1]。所以，至少到目前为止，一个网络事件，如果想对更广大范围的公众产生影响力，离不开传统媒体的积极跟进和二级传播。"网络提供了舆论滋生和放大的平台，传统媒体成为舆论最终落地的'助推器'。"[2]

从百度指数中我们可以看到，两个事件达到关注度的高峰，都是在中央电视台报道后才出现。中央电视台仍是传统媒体中的老大，央视的影响力和受众对它的信赖度依然很高。对于很多源于网络的新闻，多数网民依然希望从传统媒体中获得最真实客观的报道。在碎片化时代，受众获得信息并不难，但这些缺乏整合和梳理的碎片化信息反倒会给受众带来困惑和

---

[1] 樊亚平：《网络新闻传播产生社会影响力的一种特殊模式——兼论网络新闻传播的社会影响力》，《科学·经济·社会》2004年第1期。
[2] 詹新慧：《网络媒体的社会守护与舆论引导》，《传媒》2008年第4期。

压力，因而传统媒体如果能够提供相对完整、客观的报道就可以起到解惑和释放压力的作用。而且，我们可以看到，央视对"温岭虐童事件"的报道比较重视，不是简单的新闻播报，而是在"东方时空""新闻1+1"等品牌栏目中进行深入报道和系列报道。

第三，传统媒体及时介入网络热点事件，有助于形成积极的舆论导向。

由于网络信息的泛滥和真假难辨，很多网民对网络信息抱有怀疑和观望的态度，经过最初的对网络事件的转载、评论、热议后，广大网民需要借助主流媒体确认和深入了解事件。传统媒体的介入，将大大省去"网友对网络热点事件的质疑和求证的时间成本、机会成本。更重要的是，它使得局部范围内的话题（事件）主流化，成为大众共同的热点，传统媒体凭借强大的传播力和公信力，迅速吸引了受众眼球"[1]。如果传统媒体能够及时介入事件报道，对形成积极的舆论导向将起到至关重要的作用。

人们通过网络获得的信息往往是碎片化的，传统媒体需要对这些信息进行整合和梳理，让受众通过传统媒体获得相对完整的内容。此外，受众在网络中对事件的关注多带有强烈的感情色彩，网络舆论具有非理性表达的特点。"网络舆论的非理性表达是指不受人的理性所支配的人的意识、认识和情感等主观精神过程，它一般具有无规律性和情绪性的特征。无规律性指人对事物的认识是直接和感性的，突发的和多变的。情绪化是指以情绪、情感的释放为表征，表现为波动性和盲目性，非理性因素和心理环境因素息息相关，容易情绪失控和冲动，发展为网络暴力。"[2] 这就更需要传统媒体的理性反思，传统媒体应发挥主导舆论的功能，对网络媒体进行恰当的引导，关注那些网络舆论中容易忽略和表达不充分的内容，这样有助于形成积极的舆论导向。

在"温岭虐童事件"中，由于传统媒体在第一时间介入，并积极引导舆论导向，使"温岭虐童事件"没有在非理性的路上走得太远。"温岭虐童照片"发布后，多数网民的第一反应和"我爸是李刚""药家鑫案"

---

[1] 窦锋昌、李华：《新媒体时代热点事件传播路径的转变》，《新闻战线》2012年第4期。
[2] 张洪：《网络舆论中理性表达的缺失——以药家鑫一案为例》，《新闻天地》（下半月刊）2011年第5期。

"郭美美事件"爆料之初一样，愤怒之余用尽一切恶毒言辞对这位虐童女教师加以唾骂。但很快，中央电视台从法律、幼儿教师待遇、教师资格等方面对此事件进行报道和全面分析，使舆论导向转向对虐童法律、幼儿教师素质等方向的反思，而没有停留在对这位女教师的人身攻击和谩骂上。后来经过一段时间调查取证后，虐童女教师因为证据不足而无罪释放，网友对这位女教师的无罪释放也表现出相当的理智，没有过激的言行。这与传统媒体在第一时间内正确引导舆论导向有不可分割的关系。对比"郭美美事件"，郭美美炫富事件在微博曝光4天后，中央电视台才介入报道。但此时，网络质疑、谩骂、挑衅之声已铺天盖地，很多网民早已形成极端化的观点，对任何质疑的声音都充耳不闻，对传统媒体澄清事件和理性反思的姿态有所抗拒。由于传统媒体介入时间滞后，导致相当长的一段时间内，网友、公众把对红十字会的质疑无条件扩展至中国所有的慈善事业，并将传统媒体一起质疑。作为传统媒体代表的杨澜，因为在事件发展之初在微博上为"郭美美"解释，而被网友质疑并人肉搜索；《嘉人》杂志给予了郭美美被采访的权利而被网友谩骂唾弃，并被迫使发表道歉信等。

凯斯·桑斯坦在其《网络共和国——网络社会中的民主问题》中曾提到："团体成员一开始即有某些偏向，在商议后，人们朝偏向的方向继续移动，最后形成极端的观点。""毫无疑问，群体极化正发生在网络上。讲到这里，网络对许多人而言，正是极端主义的温床，因为志同道合的人可以在网上轻易且频繁地沟通，但听不到不同的看法。持续暴露于极端的立场中，听取这些人的意见，会让人逐渐相信这个立场。"① 因而，传统媒体如果能在网络群体极端观点形成之前及时介入，将有效避免群体极化现象的发生。

从"温岭虐童事件"以及近两年的网络热点事件中我们可以看到，在涉及群众民生、社会公正并有具体人物指向的事件中，新媒体越来越成为最重要的信息源，但传统媒体在深入报道和形成舆论导向中依然是核心。

---

① 〔美〕凯斯·桑斯坦：《网络共和国——网络社会中的民主问题》，上海人民出版社，2003，第47~51页。

新媒体并不会取代传统媒体,受众对不同媒体有不同的角色期待,传统媒体需要基于受众的期待重新思考自身的定位,使其在受众期待领域、在自己的专业领域更有力量。同时,传统媒体及时、客观、深入介入热点事件传播,对事件的发展和公众的舆论导向有至关重要的作用。

Working out the New Changes of Dissemination of Hot Network Events by Analyzing the Event of Wenling Child Abuse

ZUO Jing

(Beijing Institute of Graphic Communication, Beijing 102600, China)

Abstract: With the rapid development of Internet and new media in China, the hot network events show some new dissemination trends. More new media participates in the event formation process, but the traditional media is still the core in-depth reporting and the formation of public opinion. The traditional media plays a vital role both in forming a higher degree of concern and in the guiding public opinion by reporting the hot network events timely, positively and objectively.

Keywords: hot network events; communication; public opinion; Wenling child abuse

消费时代文化经典解读类
图书热销现象成因分析

刘銮娇　张文红

(北京印刷学院，北京 102600)

摘　要：随着全球化浪潮席卷世界，中国迎来了全面建设社会主义市场经济时期，并且取得了巨大成就。在建立了强大的经济基础的前提下，随着改革开放的不断深入，中国人民的生活方式、思想体系、消费结构也在不知不觉中改变。中国很多大中城市已经出现了消费时代的征兆，很多人开始关注物质符号所蕴含的精神价值和情感意义，而物质本身的功用则已经退到考虑范围的边缘。在这种消费观念的影响下，为何会出现文化经典解读类图书的热销现象，需要结合人们的心理机制的转变、经济方式的革新以及大众传媒的宣传等因素进行分析。

关键词：消费时代　经典解读　心理机制　大众传媒

　　消费文化是 20 世纪在西方出现的一种文化思潮和生活方式，它主要以商品营销和大众传媒为手段，将大众裹挟进入一个以符号意义为主导因素的价值系统。在中国的许多大中城市已经出现了这种消费狂欢的征兆，各种广告效应和节日营销等开始占据人们消费的主流，迎合着人们对于各类商品的占有欲。在这种消费语境下，中国经历了改革开放到社会主义市场经济体制确立的过程，人们的生活方式、消费方式、心理机制等发生了巨大变化。这些转变在图书和出版领域中，体现得最直接和最敏感的就是各个时期畅销的文化作品，尤其是近年来的文化经典解读类图书的热销，这是消费时代不可忽略的一种重要现象。那么这种现象背后有着怎样深层次的原因？我们该如何对待这种现象？

一 文化经典解读类图书热销现象的出现

20世纪90年代以来，改革开放的热潮逐渐深入中国大陆，市场经济体制逐渐确立，人们的消费观念和价值观念开始出现转向。处在文化思潮前沿的出版界也感受到了这一变化，并且对这一思潮作出了及时的反应，于是在图书市场上出现一股改编名著的风潮。这些图书大多抛弃刻板严肃的学术气息，集活泼清新、喜闻乐见于一身，带给大众一种耳目一新的感觉。这一时期的代表著作主要有《悟空传》《沙僧日记》《八戒日记》等。同时期出现的还有《水煮三国》《麻辣水浒》《孙悟空是个好员工》等一批励志类书籍，这些书籍虽然在策划的方向上偏重于实用主义，却取得了可观的销售成绩。

2005年，央视《百家讲坛》栏目经过改版后，收视率一路飙升。在大众传媒的宣传下，影响力不断扩大，受到了人们前所未有的关注，于是一批学术名人开始走下学术的神坛，通过媒介走向了大众视野。首先以清史专家阎崇年正说"清十二帝疑案"为转折点，接着刘心武揭秘红楼梦的讲座受到大众的热捧，随即出版的《刘心武揭秘〈红楼梦〉》一系列的图书空前畅销，引发了大众阅读经典著作的新一轮热潮。2006年，《百家讲坛》又邀请来厦门大学学者易中天，用极其嬉皮戏谑的口吻对《三国演义》做了一系列解读。因此，当易中天的《品三国系列》图书在市场上推出以后，受到大众的热烈欢迎，从刚上市起，仅用五周印数就达到85万册。同年10月，北京师范大学于丹教授也受到《百家讲坛》的邀请，向大众讲授论语心得。根据其演讲整理的《于丹论语心得》，首印60万册，仅两个月销售量就突破200万册，并连续畅销八个月，成为畅销书领域的超级宠儿。

他们的成功在文化界引起巨大争议，许多专家和学者纷纷指出于丹解读过程中出现的错误和问题，而大众却认为正是因为这些学术明星的出现，所以他们才能与经典文献接轨，才能把握晦涩深奥的经典读物所蕴含的深意。传统文化的复兴是值得庆幸的一件事，还是值得担忧的一件事，究竟这种复兴能否长久，能否在大众消费时代拥有自己的生命力，仍然是学术界十分关注的一个问题，下面就探讨一下这个问题的原因和应对策略。

二　文化经典解读类图书热销原因分析

（1）精神信仰的失落和价值观念的失范持续引爆人们对于文化经典解读类图书的热情。

在物质空前丰富的现代社会，人们在满足于物质所带来享受的同时，精神世界也面临着巨大考验。每个人都企图在复杂多变的社会条件下，找回失落的精神信仰和值得秉持的价值观念，于是文化经典解读类图书成为人们实现自己这一愿望的便捷途径。人们都企图通过这种方式，重新建立一个坚固的精神世界，缓解多变的环境带来的无力感和焦虑感，为自己的脆弱的心灵找到一种可以依靠的强大力量。

"文革"时期直到改革开放，人们的精神世界一直处在一种被长期禁锢与被放逐的状态。改革开放后，许多经济体制和生产体制开始转轨，社会消费模式在新思潮的影响下开始逐渐转型。在这种前提下，人们以往的价值观念开始受到挑战，商品经济逐渐改变着人们的生活方式，人们内心开始出现焦虑与不安，"社会文化价值越来越倾向由'政治—道德—教化'转向'经济—利益—消费'型"，"在世俗化、功利化的利益驱动下，自身价值面临着科技和自身欲望的强烈冲击，物质财富增长的同时，精神的重建和价值的重估却没有同步进行"。[1] 不论是80年代的"寻根文化"，还是90年代出现的"国学热"，都是人们在渴望经典文化的过程中，期望重建自己的精神家园，希望通过文化经典等具有人文气息的著作，寻找自己的内心归属的一种投射。

（2）文化经典解读类图书热销现象出现在消费时代，大众在消费时，它已经不单单是图书，而是变成一种消费符号，满足人们对于其意义的消费。

文化经典解读类图书在媒体的炒作下，成为一种指示大众阅读品位的风向标。而大众为了摆脱孤独感，需要寻找与他人保持一致的亲密感，于是会通过对于文化经典解读类图书的消费，满足这种心理需要。

王宁在《消费社会学》一书中这样定义消费文化："所谓消费文化，

---

[1] 闫翠晶、杨存昌：《浅析大众文化背景下的"学术明星"现象》，《河北师范大学学报》2009年第32期。

就是伴随消费活动而来的，表达某种意义或传承某种价值系统的符号系统。这种消费符号不同于一般意义上的满足需求的自然性、功能性消费行为，它是一种符号体系，表达、体现或隐含了某种意义、价值或规范。"①

由此可见，消费文化是一种以市场和消费者需要为导向的文化，它的生产和消费都是以意义的实现为终结，具有显著的功利性。作为传承文明的书籍，它自身具有典型的文化内涵和道德标准，这些是它的自然属性，是最坚固的一种属性。而作为畅销书的一种，它是连接大众与个体的一种符号。从大众消费的角度来说，它象征着一种主流群体的消费观念。因为，它自身所带有的思想性、趣味性和社会心理都与大众的需求和审美相符合，人们消费这种符号，在某种程度上就表明了一种与主流大众的趋同。由此，在大众的想象性维度中，通过对于这个符号的消费，大众就可以由"边缘人"变成"中心人"，告别被孤立的命运。

在这个信息化带动工业化的社会里，大多数人对于信息大爆炸还是感觉被动和无所适从。而畅销书正是把握孤独的社会心理，进行概念炒作，使得人们阅读时通过选择畅销书来摆脱孤独，并且融入大众的话语。② 大众在消费这一符号的过程中，获得一种与大众价值保持一致的安全感和时间上的超前感，从而获得心理上的优越感。这种观念的消费，使人们容易获得一种与别人平等的心理，增强人与人之间互动的信心。

（3）文化经典解读类图书的出版带有一种将精英文化平民化的倾向，契合了新时期大众的审美趣味和阅读期待。

经典著作在传统意义上带有一种精英文化的色彩，这种色彩让大众对了解和接受它都存在犹豫和迟疑。因此，经典著作长期给大众一种居高临下的感觉，让大众望尘莫及。而文化经典解读类图书的出版，消除了经典和大众之间不可跨越的鸿沟，让大众也能参与到阅读经典、品评经典的行为中。这种行为不仅是一种对于平民立场的肯定，同时也是一场大众文化的狂欢。

---

① 邸国强：《消费文化影响下的经典解读类图书出版的研究》，河北大学博士学位论文。
② 陈来仪：《畅销书的消费文化解读》，《辽宁行政学院学报》2007 年第 4 期。

文化热点的转变，一定是大众审美趣味的转变和阅读期待转变的结果。传统艺术的欣赏方式强调一种有距离的"静观"，所以欣赏者往往获得的是一种"韵味"体验。① 在人们的传统审美观念中，大众往往由于自身存在的局限而被排除在精英文化之外，学术和知识具有一种崇高性而只能够在精英阶层中存在。面对学术与知识，大众都会存在一种望尘莫及的感觉。因此，面对精英文化，大众是一群被边缘化的群体。

文化经典解读类图书的出版对于大众来说意味着传统文化由高雅、神秘变得更加亲切易懂，字里行间更加具有一种悲天悯人和普世的人文气息。比如于丹在讲述《论语心得》的过程中，不是单单列出人生奥义让人们去理解，而是将经典中蕴含的深意与人们的生活结合起来，力图解决在时代转型时期人们内心的困惑与茫然。这种叙述方式的变化代表传统文化从冷冰冰地对待大众，开始变得把大众的口味摆在第一位，开始关注大众内心的世界，这在大众看来无疑是一种摆脱被边缘化命运的方式。

（4）大众媒介的推动是文化经典解读类图书热销的重要动力。

文化经典解读类图书作为一种在媒介时代畅销的图书品种，自然离不开媒介的推动，许多图书的畅销，都是因为大众通过电视媒介已经在心理上认可了图书的作者，继而在选择图书的时候，能够根据以往的经验作出快速而准确的选择。

在传统时代中，文化经典与大众之间的关系是相互隔离的，而那时的文化著作出版方式也比较单一，由于大众自身的种种限制，它们在大众之间的流传也是有限度的。而当媒介时代到来之后，人们在习惯了媒介介入生活的方式之后，消费观念也出现变化，媒介不仅为人们提供必要的物质消费导向，而且在精神消费方面也能够给人们一定的指导。

大众传媒所拥有的非凡的话语权力、话语力量，电子传媒的发展强势和传播优势，以及视听传播方式所表现出来的功能性特征与消费社会的文学消费需求、审美需求的契合，使一向骄傲的文学不能不倚重它们，不能不理性地看待大众传媒，把大众传媒视为重要而宝贵的传播资源加以利

---

① 闫翠晶、杨存昌：《浅析大众文化背景下的"学术明星"现象》，《河北师范大学学报》2009年第32期。

用，同时又把自己作为内容资源提供给大众传媒，与大众传媒建立良性的互动关系。① 这也是为什么文化经典解读类图书需要借助大众传媒来实现自己的价值的原因所在。

三 对文化经典解读类图书出版的建议

（1）从出版社的角度来说，要积极打造具有思想价值、学术价值、人文价值的图书，只有这样的图书精品才能有效地引导大众的阅读方向，才能提高大众的阅读品位。

经典著作是一个国家文化传承活动的重要载体，出版社要在肩负文化传播使命的前提下，打造受到大众认可的经典解读类图书。即使在市场未饱和的前提下，也不能盲目跟风，而是应该在了解市场的基础上，进行差异化选题，避免低俗和浅薄的作品在市场上流通。

正如人民日报出版社编者赵军所言："对于非专业阅读的大众读者而言，《资本论》等著作大都篇幅宏大、艰深专业，如果按照原著的内容原封不动进行出版，可能难以适应更多读者的阅读习惯。为此，我们在凝练编译、准确压缩的基础上，以各种必要方式对书中的要点进行了精彩补述，既突出了原作者的精要思想，又回避了让更多读者阅读困难的浩繁艰深。有一句话，是我们做这套书的追求：'一切尖端的思想都能轻松地理解，一切深奥的知识都可以变成今天的常识'。"②

（2）从读者的角度来说，读者应当有意识地提升个人素养，同时培养自己广泛的阅读面，这样才能提升对于经典著作的鉴别力。

读者的阅读趋向与出版商的出版方向是相互影响、相互作用的。因此读者在选择书籍阅读的时候，应该尽量选择那些有助于自身修养、能提高自己的审美趣味的书，而有意识地避开那些传播低级趣味的书，只有这样，才能有助于提高自身的文化修养，进而大众的精神境界才能有所提高。

---

① 宋玉书：《从传播工具到功能主体——大众传播时代大众传媒与文学的关系》，《社会科学辑刊》2007 年第 5 期。
② 刘观涛：《畅销书的"蓄意"操作——如何成长为金牌策划人》，广西师范大学出版社，2009，第 85 页。

(3) 从作者的角度来说,作者在创作的时候,既要考虑到读者的接受度,也要坚持自己的创作立场,避免媚俗的现象出现。

现代的图书市场是内容为王的时代,作者需要在兼顾大众接受水平的前提下,努力打造图书的思想性和艺术性,避免浅薄化和媚俗化倾向的出现。具有高尚趣味和深刻内涵的图书才能经得住市场的考验,因此,文化经典解读类图书对于读者的要求是非常高的,读者不仅要具备一定的学术素养,同时也要有高尚的道德坚守。

四 结语

如今的中国处于面临巨大变革的时代,每个人的心灵都在动荡和焦虑中起伏。因此,为了缓解现代人的焦虑感,很多形式的文化都开始逐渐被解构,形成娱乐化、通俗化的倾向,经典文化也不例外。一直以严肃深奥姿态存在的传统文化应该走出象牙塔,让其蕴含的思想雨露滋润更多的人,让更多的人认识到古典文化的魅力,帮助人们在容易迷失的时代重建自己的精神家园。

On the Hot Selling Phenomenon of Culture Classics Books in Consumption Age

LIU Luanjiao, ZHANG Wenhong

(Beijing Institute of Graphic Communication, Beijing 102600, China)

Abstract: As globalization swept through the world, China ushered in the comprehensive construction socialism market economy period, and made great achievements. In the establishment of a strong economic basis premise, with the further reform and opening, the Chinese people's way of life, ideological system and structure of consumption also have changed. Consumption sign of the times have appeared in many Chinese cities, many people begin to pay close attention to material symbol contains spirit value and emotional significance, and the function of the material itself has retreated to the edge of the considered in this consumption idea influence, why will the cultural classics reading class books sell like hot cakes phenomenon, we must combine people's psychological mechanism transformation economic mode innovation and the mass media publicity, these factors are analyzed focusing on the cultural classics.

Keywords: consumption age; classical interpretation; psychological mechanism; mass media

出版理论跨学科研究专著的特点分析

王若玢　张　丽

（北京印刷学院，北京 102600）

摘　要：跨学科研究是近年来科学方法讨论的热点之一。跨学科的目的主要在于通过超越以往分门别类的研究方式，实现对问题的整合性研究。出版学研究的深入也需要借鉴其他学科的研究成果，尤其是要吸收其他学科成熟的理论和研究方法。出版学研究成果中已有一定量的跨学科出版专著，这些著作给出版学研究带来了新的研究思路。跨学科出版理论著作的成果表明：研究者能够紧跟出版实际，调动已有知识储备，运用相关学科的研究方法，赋予出版学以理论工具和借鉴基础。

关键词：出版学著作　出版理论研究　跨学科研究

出版学作为人文社会科学重要组成部分，与其他学科有着密不可分的关系，不是孤立存在的特体。我们对出版学的研究也不可能完全自成一系，与其他学科无交叉和融合。

在已有的出版学基础理论研究成果中，不乏融合了经济学、管理学、传播学、文化学、美学、社会学、心理学等理论和研究方法的出版学专著。如比较成熟的梁宝柱著的《出版经济学导论》、杨咸海著的《出版经济学》、吴赟著的《文化与经济的博弈：出版经济学理论研究》都是从经济学的角度研究出版理论。同样赵晓恩的《出版企业管理概论》，朱建伟的《现代出版管理论》，姬建敏的《编辑心理论》，金文雄、王晓英的《新闻出版心理学》，高斯的《出版审美论》，黄理彪的《图书出版美学》，蒋新平的《出版预测学》，仓理新的《书籍传播与社会发展：出版产业的文化社会学研究》，李新祥的《出版传播学》，刘俭云、张兢的《出版传播研究》等，它们都是站在不同学科的角度，探讨出版中的问题。在基础理论研究中，跨学科研究为出版学理论研究带来了不同的视角和思路，丰富了出版学理论，推动出版工作的开展。通过对这些专著的研究，可以发现它们有几个共同特点。

一　著作成果吸收了相关学科的理论精髓

综观这些专著，我们发现能够对出版学进行跨学科研究者，其自身都具有较高的其他学科的知识背景，对出版学研究又有较深的见地。如《图书出版美学》的作者黄理彪，不仅具有扎实的美学理论基础，而且拥有哲学、文化学、社会学、符号学、语言学、出版学、编辑学以及心理学等人文社科的广泛知识，具有较强的逻辑思维和科学研究的能力。《书籍传播与社会发展：出版产业的文化社会学研究》的作者仓理新有历史学、社会学知识背景，他善于在研究中运用历史社会学，侧重对社会群体、社会发展进行历史的、社会的比较研究。他能够充分考虑到社会现象具有历史性和独特性的特点，并试图在历史脉络中运用类型构造法和比较法来探讨历史因果关系，发现影响社会历史发展的原因及规律。再如《出版传播学》的作者李新祥本科就读于政治经济系，获法学学士学位，后在北京印刷学院攻读传播学，获文学硕士学位。李新祥提出用传播学的理论指导出版学研究，他认为出版学理论研究非常重要，又深感出版学研究相当滞后，他认为传播学发展壮大，已经具备反哺其他学科发展的能力和地位，这其中就包括出版学。

可见，作者们把其他领域的精髓知识融合于出版学理论研究中，综合起来解决出版问题。跨学科思维使新兴学科得以提出和论证，进一步丰富了出版学的分支学科，为构建出版学学科体系作出了重大贡献。

二　贴近出版工作实际并能满足现实需要

研究对象的产生来源于时代主题的发展和社会环境的变化，能够应用于实践的理论才是鲜活的、具有生命力的，跨学科研究吸收了原学科研究中较成熟的行之有效的理论和方法，赋予出版学以理论工具和借鉴基础。

我国出版业走了40多年曲折前进的道路，进入20世纪80年代以后，随着解放思想、改革开放政策的实行，出版工作有了很大的发展，取得了显著的成绩，出版工作由以政治宣传服务为中心转移到为经济建设服务上来，出版社逐步由生产型向经营型转变，出版的经营由产品经济向商品经济转变，出版企业管理问题日益彰显，有些矛盾更加突出，引起了人们的重视，人们急于寻找到理论支撑。但长期以来出版业的理论研究还处于萌芽状态，出版业自身又较复杂，兼有物质生产和精神生产的特点，出版管理也因此具有管理物质生产和管理精神生产的双重性，这使出版管理学与其他管理学相比，具有鲜明的个性。《出版企业管理概论》便是强调借助管理学的理论方法指导我国的出版管理工作。

同样的，我国新闻改革的热潮要求新闻传播媒介起越来越明显的推动作用，催生了《新闻出版心理学》。而20世纪90年代初，我国图书市场的激烈竞争迫使出版社注重提高图书的质量，于是，影响图书质量高低的出版审美活动更显重要，《图书出版美学》必不可少。

而如今社会从传统工业经济形态向知识经济形态转型，高新技术发展日新月异，新型出版物不断涌现，现实中的出版活动面临的社会环境日益复杂，出版产业经历大整合，加之社会学、传播学学科体系的逐渐成熟，《书籍传播与社会发展：出版产业的文化社会学研究》与《出版传播学》顺势而出，在大背景下探讨传统出版业的发展。

三 运用相关学科的研究方法深化出版理论研究

出版学跨学科研究专著对出版学理论研究方法的完善做出了显著的贡献。

出版学虽说是一个相对独立的学科，但由于其研究历史较短，出版研究的基础较薄弱，尤其是对实际工作的研究胜于对理论的研究，初期的研究方法也较单一，实际工作经验的总结占据了研究成果的大部分，这种特殊矛盾的解决途径难以推广。如出版工作的经济色彩浓重起来后，出版业急需对出版经济有个全面的了解，当时我国著名经济学家于光远同志曾几次倡议广大学者研究和建立出版经济学，梁宝柱著的《出版经济学导论》应时而生，该书借鉴经济学的成熟理论与研究方法对出版活动进行研究，在当时成为新兴的研究热点，国内不少学者也开始采用定量方法对出版经济活动进行研究，力图能够深刻反映出版经济活动的变化并准确预测出版经济活动的未来发展趋势。而近年来，随着出版产业研究在我国出版经济研究中的地位日益突出，且这方面的成果在出版经济研究成果中所占比重逐渐增加，借助科学合理的研究方法已成为出版理论界的共识。如周蔚华、吴赟等研究者的著作更是注重采用规范研究与实证分析互补、定性与定量研究相结合的研究方法，他们都能以深入的市场调查、客观翔实的数据支撑研究观点，阐述理论问题，这正是相较于此前定性分析和思辨研究方法的应用要远多于定量和实证法的局限的一大进步，从而为出版经济学这一新兴学科的初步建立起到了积极作用。

蒋新平的《出版预测学》是将预测学（未来学）的有关原理引入出版领域，与出版理论相结合而形成的一门新学科，采用趋势外推法、合力预测法、生命周期预测法、情景描述法、专家预测法等分析出版业未来发展的总趋势，影响这种总趋势发展且蕴含于此过程中的各种出版内部要素及其之间的关系，以及各种出版的外部因素对出版业未来发展的影响和作用。这有助于给出版研究确立指向未来的时间坐标；有助于把握出版规律应对竞争形势；有助于给出版决策者提供科学依据；可以引领时尚、争取读者、占领市场。

与此同时，对其他相关学科的研究方法加以吸收借鉴的痕迹也是清晰可见的，出版跨学科研究著作中引入了如系统论、信息论、控制论等现代科学方法，以及管理学、心理学、传播学等新的学术思想，这些方法的引入都是研究者对出版学方法论体系作出的贡献。

四 在一定程度上填补了出版学科理论体系研究的空白

《出版经济学导论》是我国首部以"出版经济学"命名的著作，它打破一般研究者止于社会哲学的角度来思索、满足于用伦理学的思辨来剖析的固有模式，而使用经济分析方法对出版经济学的探讨进行了有益的尝试，填补了出版学科体系研究中的一个空白。

《编辑心理论》运用普通心理学和现代认知心理学、管理心理学的理论，进行编辑心理现象的描述、心理规律的揭示、心理趋势的预测、心理导向的调适，主要揭示编辑在出版活动中的个性心理的独特表现、独特规律及其对编辑活动效果的影响,展现编辑的心理状态,提高他们的心理素质和心理健康水平,是针对编辑人员这一特殊群体进行的研究,不同于以往研究编辑人员多从编辑的素质、能力等方面进行分析的惯性思维方式。

《图书出版美学》从美学角度深入图书出版实际,探讨图书出版特征与特殊规律,可说是我国第一部真正意义上的图书出版美学专著。它拓宽了美学研究领域,它处于理论美学向应用美学拓展的结合部,具有两者相融的新质,是一种典型的理论应用学。在此之前,高斯撰写的《出版审美论》是第一部正面探讨图书出版审美规律的专著,然而作者擅长图书出版研究,对美学的准备不足,因此无法对图书出版的审美规律进行深入、系统的研究。它仅仅是跨进了图书出版美学的门槛,尚未深入图书出版美学的殿堂。

《书籍传播与社会发展:出版产业的文化社会学研究》是用社会学理论和方法分析出版现象的学术著作,具有填补理论空白的学术价值。作者借助社会学前辈思想体系中符号互动理论、文化社会学理论、社会互构等结论,并结合自身经验进行演绎,形成派生理论,提出了"构建出版社会学理论体系"的命题。在理论研究、经验研究和应用研究三方面都有创新意义。

结语

出版学跨学科研究,对出版学学科体系的构建与完善,起到一定的积极促进作用。随着出版实践活动的不断发展,诸如出版法学、出版市场学、比较出版学、出版生态学、出版资源学、出版信息学等一些新兴学科的分支学科会不断涌现。出版学跨学科研究专著虽然都有其创新的一面,但受限于作者的学术水平和专业知识,以及经费、时间和资料等,在理论体系、原理方法、论点论据、数据引证、实践总结等方面,还有相当大的局限性,需要未来的研究者做更深入的研究。

参考文献

[1] 罗紫初、田佳:《近五年来出版学基础理论研究述评》,《出版科学》2006年第6期。

［2］刘永红：《出版学研究方法的现状与完善》，《大学出版》2008年第3期。
［3］周蔚华：《出版产业研究》，中国人民大学出版社，2005。

On the Characteristics of Interdisciplinary Theory Works of Publishing Science

WANG Ruobin, ZHANG Li

(Beijing Institute of Graphic Communication, Beijing 102600, China)

Abstract: Interdisciplinary research in recent years has been one of the hot topics in the scientific method. The purpose of the interdisciplinary mainly lies in transcending the former categorization research way, realizing the integration of research. Publishing research also needs to draw lessons from other disciplines, especially to absorb discipline mature theories and research methods. Publishing research has been a certain amount of interdisciplinary publication monograph, these writings bring about new research ideas. Interdisciplinary theory works show that the researchers are able to follow the actual publishing, mobilize the existing knowledge, utilize the research methods, give the publishing theoretical tools and reference foundation.

Keywords: publishing theory research; publishing academic works; interdisciplinary research

·出版人才培养·

数字时代首都编辑出版人才培养模式创新研究[*]

王 瑞

(北京印刷学院,北京 102600)

摘 要:伴随着数字技术及相关产业的迅猛发展,全球出版传媒业的转型与发展近年来呈现出引人注目的新特点。当前,如何抓住我国深化文化体制改革、推动社会主义文化大发展大繁荣的有利时机,积极创新编辑出版类专业人才的培养模式,已经日益成为业界与学界共同关注的话题。适应我国出版业发展需求,首都未来编辑出版人才培养应当革新培养理念,探索"政产学研用"一体化发展,完善多层次、立体化的复合型应用人才培养机制。

关键词:数字时代 首都 编辑出版 复合型应用人才 培养模式

近年来,网络、手机、微博等新媒体的异军突起不仅对传统出版业形成巨大冲击,而且为编辑出版人才培养提出了新课题。首都高等院校相关专业必须抓住全球出版传媒产业迅猛发展、我国加快实施新闻出版强国战略的有利时机,积极探寻适应我国出版业发展需求的复合型应用人才培养模式,否则势必会在新一轮的大洗牌中惨遭淘汰、被迫出局。

检视已有研究成果,学界和业界针对我国编辑出版人才培养模式的研

---

[*] 此文为北京印刷学院校级教改课题"出版应用写作课程教学内容与方法改革"阶段性成果。

究涵盖宏观和微观两个层面。前者主要涉及编辑出版学科教育的历史、现状及趋势，人才培养的需求类型与教育改革、发展对策，以及中外出版人才培养模式比较，代表性成果有：黄先蓉的《我国编辑出版学教育的历史沿革及其创新走向》，黄先蓉、陶莉的《我国编辑出版学教育的发展趋势》，肖东发、许欢的《我国编辑出版学教育的回顾与展望》，王一婵的《数字出版时代编辑出版学本科教育存在的问题及对策分析》，梅秋慧的《中美出版人才培养模式比较探析》等。后者则涉及相关专业的课程体系改革、教学方法探索，代表性成果如丁林的《编辑出版学创新性人才培养的课程体系设计研究》，王勇安的《编辑出版学专业课程建设的逻辑误区》，李媛媛的《中国编辑出版学专业本科课程设置研究》，刘兰的《编辑出版学教学中批判性思维和创造性思维的培养》，张晓新、张彬的《中外高校编辑出版类专业课程设置的比较研究》等。

一 革新培养理念，明确定位人才培养目标

英美等国的编辑出版教育经过半个多世纪的发展，现在已经形成了一个较为完善的出版教育体系，为其出版业培养了大批应用型高级出版人才。与英美出版人才培养水平相比较，我国还存在较大差距，主要体现在师资力量、课程设置、教学方法及高层次人才培养等方面。毋庸讳言，造成这一差距的根源，还在于两国出版人才培养理念的巨大差异。在美国，高校出版人才培养非常重视与社会、行业的接轨，普遍设立由业界和学界专家组成的出版专业委员会，实际决策相关专业的课程设置、学科发展、学生就业等。[①] 而我国高校的编辑出版人才培养，则不同程度地存在闭门造车，与行业发展、市场需求脱节的情况。

早在2004年，刘范弟的《从就业困境看编辑出版专业人才的培养》就谈到了编辑出版专业毕业生的就业困境；2007年，肖东发发表《出版人才的需求和出版教育改革》；2008年，张蕙的《全球化形势下复合型编辑出版人才的培养》一文明确虑及全球化形势下编辑出版人才培养的复合型

---

① 梅秋慧：《中美出版人才培养模式比较探析》，北京印刷学院硕士学位论文，2009年12月。

需求；2011年1月21日，聂震宁在《中国新闻出版报》发表《编辑出版学与出版产业共发展》一文，指出我国出版业正进入一个快速改革发展的时期：体制改革、机制创新、市场运作、产品创新、联合重组、资本运营、规模扩张、多元化经营、科技融合、多媒体互动、人才汇聚、国际化发展……这在一定程度上反映了当前编辑出版人才培养的复杂背景及需求变化。

身处出版业的国际化潮流中，首都高校针对编辑出版人才培养，首先必须革新培养理念，明确定位人才培养目标。顺应国际国内新形势，在紧密贴近行业改革发展、开展深入调研的基础上，笔者认为：首都高校创新编辑出版人才培养理念，应当政产学研齐抓共管，根据行业的前沿发展、多样化人才需求及学生自身条件，探索"双证制模式""订单式模式""产学研互动模式"等培养机制，建构涵盖专科、本科、研究生及在职培训等多层次、立体化人才培养模式，真正贯彻个性化发展和因材施教原则，致力于解决学科发展与社会需求之间的矛盾。

就人才培养目标而言，多层次、立体化人才培养模式应当兼顾行业相关人才需求的复杂性与多样性，覆盖专科、本科、硕士、博士、博士后层次，灵活采用全职培养、在职培训、成人教育、留学生教育等形式，做到区别对待、准确定位。例如，可面向出版、印刷公司等生产一线单位，开设印刷技术、版式编辑、校对等专业，培养大专层次的实用性技术人才；针对出版单位、发行部门、新闻机构及新兴数字媒体领域的人才需求，可开设选题策划、技术编辑、发行营销、数字出版、经营管理等本科和研究生专业，培养应用型高级专门人才；针对编辑出版理论研究领域需求，可开设出版理论研究、编辑实务研究、数字出版与传播研究、广告学研究、出版产业与管理等培养方向，为学界培养专业研究型人才。正是秉承全新的人才培养理念，首都高校相关专业近年来累计为出版产业领域输送优秀毕业生数万人，并在相关专业建成出版人才培养实验示范区。

二　注重能力培养，全面提升人才培养素质

在近三十年的建设过程中，编辑出版专业教育普遍存在忽略出版人才知识能力结构逻辑和学生职业发展逻辑的问题，一定程度上影响甚至阻碍

学生真正掌握编辑出版课程内容，为以后从事编辑出版工作打下坚实的基础[①]。而要解决相关人才往往眼高手低、实践操作能力较差、人文素养不高、缺乏经营管理能力等问题，就要将以课程体系建设为中心转变为以能力培养为中心。

当前，出版业的内在发展规律要求相关从业人员拓展相关能力与素养，以适应出版业的市场化、产业化、国际化发展。例如，许多出版社已经开始实行出版经理人制度，专业版权人才缺口巨大。与国际出版业发展趋势对接，首都编辑出版人才培养可将其应具备的相关能力与素养划分为：高尚的人格修养与职业操守、良好的心理素质与工作作风、广博的人文涵养与知识结构、创新的职业理念与鉴赏能力、熟练的内容编创与加工能力、高超的写作能力与数字化技能，以及一定的营销管理能力等七方面。正如有论者指出的："今天的编辑和老一辈编辑不同的是，他们必须十八般武艺样样俱全，既要精通书籍制作、行销、谈判、促销、广告、新闻发布、会计、销售、心理学、政治、外交等等，还必须有绝佳的——编辑技巧。而编辑工作又包括了五花八门、各式各样的活动，其中许多工作几乎无法让人联想到过去坐在办公室里埋头校对的编辑刻板印象。"[②]

围绕上述能力与素养的培养，编辑出版相关专业教育不仅应从建设师资队伍、调整培养方案、优化课程设置、创新教学管理等方面入手，而且必须加强与行业的联系，构建覆盖出版产业全流程的专业教育教学平台，"培养学生积极思考行业现状、分析业内动态、参与调研实践的专业态度与精神"[③]。

多年来，国内相关专业课程体系和教学内容普遍存在"重理论轻实践，重讲授轻实验，重人文轻技术，重业务轻管理"等趋向，"很难很好

[①] 王勇安：《编辑出版学专业课程建设的逻辑误区》，《河南大学学报》（社会科学版）2012年第1期，第148页。

[②] 柯蒂斯：《我们真的需要编辑吗》，格罗斯主编《编辑人的世界》，中国工人出版社，2000，第40页。

[③] 石姝莉：《基于SWOT模型下的编辑出版学专业发展探讨》，《辽宁大学学报》2012年第4期，第48页。

地满足出版界对人才的综合素质、知识结构以及创新能力的需要"。[①] 在优化课程设置方面,潘文年、丁林建构的包括公共基础课和人文素质课、专业课及实践类课程在内的编辑出版学创新性人才培养课程体系具有一定的参考价值[②]。

要全面提升人才培养的素质,优化课程设置可与建设师资队伍、创新教学方法同步进行。例如,可聘请相关学界和业界知名专家学者到学校授课、做兼职导师,推动"专家进课堂";并结合专业核心课程教学(如出版应用写作、编辑学、选题策划、版式设计等课程),密切结合行业前沿,体现创意性、实践性和传媒大视野,在教师的指导下,鼓励学生独立思考和创作;将教学与科研相结合,在鼓励教师吸引本科生、研究生加入相关研究项目中的同时,可以加大投入,将本科生、研究生独立研究计划做成品牌。

为了提升人才培养的实践能力,还应当强化实践教学和校外实习基地建设。从提升人才培养适用性角度来看,无论是紧密型、共建型,还是一般型校外实践基地,只要学校和相关企业、机构、媒体通力合作,无疑"是解决目前编辑出版专业毕业生与出版企业人才需求脱节的一种有效的办学模式"[③]。这就要求首都高校利用地域优势,整合校内外优势资源,开展校企合作、与研究机构建立战略合作关系,共同建设校外人才培养基地、实习基地和培训基地,切实强化编辑出版人才培养中审读、校对、编辑加工等实践技能训练,建设"校内校外相结合,课内课外相补充,理论与实践相促进"的实践教学体系,形成以认知实习、岗位实习、毕业综合实习等贯穿全学制的实践培训体系,完善"3+1"模式、"1+2+1"培养模式。此外,还可通过积极与国外高校探讨联合培养项目,创新跨国联合培养人才机制,积极应对全球化背景下出版业的国际化发展需求。

[①] 丁林:《编辑出版学创新性人才培养的课程体系设置研究——以本科教育为例》,安徽大学硕士学位论文,2011年5月。
[②] 潘文年、丁林:《基于创新性人才培养的编辑出版学课程体系》,《合肥工业大学学报》(社会科学版)2012年第10期,第146页。
[③] 徐东:《基于校企合作培养编辑出版人才模式的思考》,《中国出版》2011年11月下,第40页;于巍、陈少志:《建设实践教学基地 培养应用型人才》,《中国编辑》2010年第5期,第74页。

三　开放办学，探索政产学研用一体化发展

首都高校创新编辑出版人才培养模式，非常重要的一点就是要坚持开放办学，以高校为主体，依托国家管理机构、大型出版传媒集团等产业机构和研究机构，探索"政产学研用"一体化的人才培养模式。尤其是要充分容纳业界和学界的代表性人物，可考虑采用柔性引进、专兼职并用、聘请讲座教授等方式，拓展与国内外相关院校、出版科研机构、学术团体以及相关政府部门的交流合作渠道，共同培养人才。

遵循高等教育发展规律，编辑出版人才培养应适应"大出版"的时代背景，充分关注传媒技术、传媒文化、传媒艺术、传媒管理等领域，将课程设置、培养方案与行业发展接轨，高度关注出版产业与文化发展的重大理论和现实问题，在国家新闻出版政策和项目支持、企业决策咨询等方面发挥一定的作用。

以校内外优势资源整合为基础，依托研究基地、重点实验室、实践教学示范中心和实训基地、校外人才培养基地，着眼于学生不同层次、不同方面技能与素质的培养，实行学校、企业、行业协会三方密切配合，分工合作强化实习实践教学。企业作为高校培养的"产品"的接收者，全程参与相关课程开发、教学内容选取、培养方案实施，提供相关的实践场所和培训教师，甚至可根据实际需求开展定制、定向培养。行业协会作为一种介于政府和企业之间的中介机构，通过设置相关平台组织协调产、学、研、管各方资源开展研讨、竞赛，并接受学生参加出版职业技能培训与考核。通过积极组织学生参加各种相关赛事，如全国大学生人文知识竞赛、语言文字能力大赛、"未来编辑杯"、"版权征文"、全国网络编辑大赛、全国装帧设计大赛、全国印刷行业技能大赛等，以赛代练，促进学生理论联系实际、学以致用，并增强团队协作能力。

结语

综上所述，在市场经济体制下，数字时代出版行业用人单位对编辑出版人才需求也有了新的发展。肩负着为首都出版行业未来发展提供优秀编辑出版人才的重任，北京高校相关专业建设必须着眼于可持续发展，进一

步拓展开放办学思路，加强同国内外优势资源的沟通与协作，变革教育理念、创新人才培养模式；并充分利用学术机构中立性、权威性的身份和优势，积极参与国家相关行业标准的制订，完成应用性研究成果转化，在提升服务行业能力的同时提升办学能力，切实应对出版业的国际化、数字化发展趋势。

Innovative Research on Capital Talents Educating Mode of Editing and Publishing in Digital Age

WANG Rui

(Beijing Institute of Graphic communication, Beijing 102600, China)

Abstract: With the rapid development of digital technology and related industries, transformation and development of the global publishing industry have presented noticeable new features in recent years. How to catch hold of opportunities on deepening reformation of cultural restructure, promoting favorable development and prosperity of socialist culture, and how to innovate talents educating mode of compilation and publication, have increasingly become a subject of common concern in the industry and the academia. In order to meet the needs of development of publishing industry in China and the Beijing development priorities, future editing and publishing talents education in the capital should reform education concepts, explore development of production, teaching and research integration and improve mechanism of multi-level, three-dimensional compound applied talents educating.

Keywords: digital age; capital; publishing; compound talents; educating mode

论数字出版时代国际化复合型版权代理人才的培养模式[*]

叶文芳 丁一

(北京印刷学院，北京 102600；北京信息职业技术学院，北京 100015)

摘　要：党的十七届六中全会提出要增强中国的软实力，增强中国文化在国际上的影响力，促进文化大发展大繁荣。在数字出版业蓬勃发展的时代背景下，我国应彰显出版大国的实力，积极输出我国图书作品的版权，切实落实"走出去"战略，缩小与国际出版业的差距，融入文化全球化的进程。扭转我国版权贸易逆差，做好版权输出工作亟须一大批具有版权贸易技巧和素养的新一代的国际化复合型版权贸易代理人。文章论述国内外出版业当前形势以及我国版权贸易的特点、与国际上的差距，构建既懂英语、法律，又熟悉版权贸易交易各项流程的国际化复合型版权贸易代理人的本科培养模式、研究生培养方案以及现从事版权贸易人员的多角度、多层次的培养和人才队伍的建设。

关键词：数字出版　国际化　复合型　版权代理人才

我国版权协会理事长沈仁干在给长期从事国际版权引进和输出的培生教育集团版权经理欧文女士的《中国版权经理人实务指南》一书写的序言中这样讲道："对一个出版社来说，版权贸易能否成功，除作品的内容与质量、作者的声誉、市场的需求、决策者的胆识等基本要素外，从事版权引进和输出的人是关键。作为国际版权大家庭中的一个重要成员，作为一

---

[*] 北京印刷学院校级资助项目。

个出版大国,中国需要一大批具备一系列技巧和素质的版权贸易人员。"[1]由此可见,在出版业向数字化转型的时代中,在我国政府积极鼓励和促进我国出版业"走出去"的战略下,迫切需要一大批优秀的能够洞察国际版权贸易市场的动态、了解不同市场间的文化差异,懂得国际版权贸易输出与引入技巧,具备国际语言表达能力、熟知各国版权法规规范、贸易特点以及合同洽谈与签订的国际化复合型版权代理人才。

一 国际化版权代理人才培养的必要性

(1) 国家的发展方向和新闻出版总署的支持是我国国际化复合型版权代理人才培养的基石

党的十七届六中全会提出要增强中国的软实力,增强中国文化在国际上的影响力,促进文化大发展大繁荣。在文化全球化的进程中版权输出是输出一国文化,展示一个国家形象最重要的一个部分。然而在国际版权贸易中,我国在版权输出上虽然已经取得一定成绩,但仍然没有扭转版权贸易逆差的状况。面对上述问题新闻出版总署相继出台了一系列的文件鼓励、促进我国的版权贸易的发展,激励我国出版业积极"走出去",彰显出版大国的实力,加强我国的文化影响力。但是"走出去"并不是一蹴而就,而是任重道远,优秀出版人才持之以恒的努力和工作是实现该战略的基石。

(2) 国际出版业的数字化转型是我国国际化复合型版权代理人才培养的机遇

国际出版业已经进入了真正的、根本性的数字化转型阶段。"当前国际出版业正经历着前所未有的变革和调整,数字化也为出版业带来了前所未有的机遇和挑战。"柳斌杰说:"不仅出版产品的形态在变,商业运作的模式在变,产业格局也在发生着深刻变化。这就需要我们不断适应新环境、新形势、新变化,不断推动出版产业焕发新的活力,在经济全球化和文化多样化的时代背景下,为人类文明进步贡献力量。"

我国应迎合数字出版的大发展和大繁荣,通过培养一大批"有能力、

---

[1] 莱内特·欧文:《中国版权经理人实务指南》,法律出版社,2004,第6页。

有素养"的国际化复合型版权代理人才，促进我国国际版权贸易在数字出版时代的版权输出和引进，争取抓住时代机遇，将大量优秀的中国作品推向世界，促进文化全球化的发展。

（3）与国外版权贸易市场的差距是我国国际化复合型版权代理人才培养的要求

我国的版权贸易和发达国家成熟的版权贸易市场相比还存在一定的差距，美国佩斯大学出版专业硕士点主任谢尔曼·拉斯金（Sherman Raskin）在"2009法兰克福书展全球中国论坛"上发表的讲演题目为"Chinese Publishing in the United States"，将中国出版业的发展称作"刚刚起步和萌芽阶段"，只有哈伯柯林斯和麦格劳希尔等为数不多的几家美国出版社关注中国出版物。我国版权输出的困境以及国际出版社的不重视使得国际化复合型版权代理人才的培养成为我国出版业发展的重中之重。只有大批的国际化复合型版权代理人才的诞生才会促进我国出版物的输出，引起国际出版社的关注，加快我国版权贸易"走出去"步伐，缩小与国外的差距，增强我国文化在世界上的感召力和影响力，使我国对外文化传播能力与综合国力相匹配。

（4）与国外版权法以及版权交易模式的差异是我国国际化复合型版权代理人才培养的主要内容

著作权是版权贸易的基础，然而，不同的国家有着不同的版权法律规范。在英美法系国家，一般称之为版权，即英文中的"copyright"，指制止他人进行复制的权利；大陆法系国家，将之称为author's right，即作者权，主要强调对作者权利的保护。因此这两种基本的版权理念构成了西方普遍的国内立法的基础。第一种英美法系认为版权是一种财产权，原始所有者有权许可、出售、遗赠或赠与部分或全部权利。西方的另一种版权观点注重作者作为创造者的权利，认为版权是一项人权，非常强调精神权利的保护，在欧洲大部分国家的版权立法中精神权利在任何情况下不能与作者分离。所以欧洲有的国家的版权法通常既包括经济财产权利也包括精神权利。版权中的财产权利，也称经济权利或者著作财产权，是指著作权人享有的许可他人使用作品并获得报酬的权利，包括复制权、发行权、放映权、展览权、信息网络传播权等；精神权利，也称人身权利，是指作者基于作品依法享有的以人身利益为内容的权利，包括发表权、署名权、修改权、保护作品完整权等。我们通常所谓的版权贸易主要针对的是著作财产权。不同国家的版权法律的立法决定了这个国家版权交易的模式以及对其他国家的版权认可和保护。

另外，除版权以外的大量的附属权利也是西方国家出版社进行版权贸易的主要内容，例如图书俱乐部权、合作出版权、报刊使用权等。但是，在我国与国外出版社进行的版权贸易交易中很少涉及这些权利，大多是翻译权和影印权的买卖。除此之外，在版权贸易的交易过程中，如何获得国外图书信息、如何申请版权、如何洽谈和签订合同以及货币的支付等内容中西方都存在一定的差异。所以我国的版权贸易要往纵深方向发展，需要培养大批熟悉和了解国外出版社版权法律和出版社附属权利交易模式的版权贸易人才。

二　国际化版权代理人才培养模式

出版业发达的国家版权代理是版权贸易中很重要的一个环节，大多数的版权贸易业务都是由版权代理公司或文学代理人来完成的。如今在美国的大众图书出版市场，超过90%的书是版权代理公司、版权代理人或作家经纪人来完成，作者逐渐失去与出版商直接接触的机会。经纪人已成为作家与出版商之间的润滑剂与缓冲器。譬如风靡全球的《哈利·波特》，当初就是由作者罗琳女士先寄投到英国克利斯托费·利脱文学代理公司，由该公司推荐给出版社出版并一炮打响的。《达·芬奇密码》也是作者丹·布朗和他的经纪人说服出版社出版并大力营销的。贝塔斯曼集团的出版人克劳斯·艾科说："我想，每个作者，如果他能够与一个经纪人联系，并通过这条路找到某一个出版社，那么他就是聪明人。"然而，在我国，能够成熟运营版权贸易的版权代理机构屈指可数，大量的版权贸易都是由出版社自己完成的，而作者也往往是直接与出版社联系，并将版权许可甚至转让给出版社，使得出版社掌握了大量的版权，这就使得我国的版权代理机构的业务难以有规模、有层次地展开，业务发展较为零散。专业的版权代理人、经纪人也比较少。

然而，面对经济全球化、文化全球化的发展背景，我国急需和世界并轨，包括我们的版权代理模式，业内人士都已经认识到我国迫切需要培养一大批既懂法律、版权、经济，又具备良好的英语语言素质的版权代理人。

（1）高等院校本科教育阶段的国际化版权代理人才培养模式

高等学府承担我国人才培养的重任，在国际化版权代理人才的培养过程中，也应当发挥其优势。我国现在的新闻出版院校的专业设置中，主要强调新闻学、出版学、传播学、编辑学等相关专业，专门培养版权代理人才的专业还不多见。所以，在国际化版权代理人才的培养过程中，可以借鉴北京外国语大学国际新闻双学位班的培养模式，即在四年的学习过程中，一、二年级以英语语言的基础学习为主，并辅以出版基础知识、法律基础知识以及经济学基础知识的学习；在三、四年级的学习过程中，主要强化学生的版权及版权贸易知识，培养学生国际贸易洽谈、合同谈判与签订等与版权贸易密不可分的实践能力。毕业时，授予学生英语语言文学学位以及新闻出版学位两个学位。

在低年级的学习期间，学生主要是打下良好的听、说、读、写的语言基础，这是国际版权贸易洽谈的基石，只有具备良好的语言能力，才有可能展开国际版权贸易，了解国外图书出版的信息，积极申请国外版权，并向国外出版社介绍、销售我国图书。另外，基础的法律学习让学生了解国际上不同的法律立法基础、立法特点，重点学习合同法，为将来的版权贸易合同的洽谈和签订奠定基础。在经济学基础知识的学习过程中，主要让学生了解全球的经济走向以及各国货币政策和税收政策的差异，为将来的版权贸易合同履行和各国税收差异提供策略。

在高年级的学习阶段，首先让学生系统学习不同国家的版权立法特点以及差异，版权以及附属权利的交易模式，参与国际成功版权贸易案例的分析，熟悉版权贸易的流程。其次，辅以国际贸易洽谈以及合同的谈判与签订等实践能力和操作能力的培养。在这一阶段可以邀请业内专家通过讲座等形式对其实践能力进行指导，并指派学生到相关的版权贸易部门进行实习锻炼。

在双学位制度的激励和鼓舞下，相信有大批的热爱英语或对新闻传播专业感兴趣的学生会投身于相关知识的学习，既提高自身的语言能力，又有一个明确的专业方向，为以后的升学、就业打下良好的基础，并有足够的知识积累和能力投身于我国的版权贸易事业。

（2）高等院校研究生教育阶段的国际化版权代理人才培养模式

在研究生教育阶段，我国的新闻出版院校可以开设版权贸易的专业方向，招收对象主要是本科阶段为英语专业的学生或者是具备同等能力的其他专业的本科生，在入学考试中，针对第二种学生，要加试英语的听、说、读、写的能力，达到设定要求方能录取。

当学生具备了良好的英语语言素养以后，研究生阶段的教育主要是丰富学生的国际贸易和版权贸易的基础知识，培养其版权贸易的洽谈以及合同的签订等实际操作的能力。促进他们和业内的交流与合作，强化相关的业务能力，以适应国际版权贸易的竞争。

（3）出版社或版权代理机构的国际化版权代理人才培养模式

在现有的出版社或版权代理机构从事版权代理工作的人员，大多具备丰富的实践操作能力，但英语语言的表达能力以及法律、经济等相关基础知识欠缺。所以，对他们的培养要分层次、分角度。

新闻出版总署应当鼓励各大高校或聘请相关专家定期地为我国从事版权代理的人员进行有针对性的英语、法律（以合同法为主）、经济学（以国际税收）等相关专业知识的培训。各大出版协会以及出版社或代理机构内部也应该根据自身发展的需要对自己的从业人员展开相关的培训，以定期研讨的方式加强业内的交流与合作。有条件的出版社或机构，应该提供其从业人员出国学习、进修的机会。争取使现有的从业人员达到国际化复合型人才的要求。

另外，各大出版社应加强人才队伍的建设，集众家之所长，做到一个队伍里既有懂英语的，又有熟悉法律的，还有具备丰富的版权贸易实践能力的人员，达到优势互补，相互学习，逐渐发展成熟。

三　结语

数字出版的蓬勃发展对中国出版业来说既是挑战也是机遇，我们应该把握住机会，通过多层次、多角度的培养国际化复合型版权贸易人才来加强自身能力和国际竞争力，促进我国图书的版权输出，把我国"走出去"

战略落到实处，缩小我国与国外出版机构的差距，力争扭转我国版权贸易逆差的局面，促进我国文化大发展、大繁荣，为我国成为文化强国作出贡献。

On the Training Modes of International All-around Copyright Agents in the Digital Age

YE Wenfang, DING Yi

(1 Beijing Institute of Graphic Communication, Beijing 102600, China;
2 Beijing Information Technology College, Beijing 10015, China)

Abstract: The strenghening of softpower in China' enhancing the international influnce of the Chinese culture and promoting the great development and prosperity of Chinese Culture had been put forward in The Sixth Plenary Session of the 17th CPC (Communist Party of China) Central Committee. In the age of the rapid development of digital publication, China should show the world the power of big country, exporting the copyright of Chinese books, implementing the strategy of "going out", narrowing the gap with international publishing, intergrating into the culture globalization. However, to reverse the deficit of the copyright trade of our country and to do well in copyright exporting need a lot of international all-around copyright talents. This article bases on the current situation of publishing industry of foreign countries and the features of copyright trade in China, coming up with the different training modes of the international copyright agents, who need to be good at English, laws, mastering the procedures of the copyright trade. The modes can be divided into three levels, including the undergraduate, graduate and the group level who are doing the copyright job.

Keywords: digital publishing; international; all-around talent; copyright agent

美国爱默森学院出版教育探析

李雪艳

(北京印刷学院,北京 102600)

摘 要:美国出版教育以实践性著称,随着出版商业化的愈益突出,出版教育商业化课程的开设也接踵而至。各出版院校越来越注重学生出版商业知识的掌握和技能的培养,强调各种可具体运用到出版实践中的技能的操练与培训。然而,在美国众多开设出版教育的院校中,爱默森学院似乎是一个例外。对于注重文学和写作的爱默森学院而言,其出版教育更多地偏向传统精英主义式的文学素养教育和写作技能的培训。本文主要从爱默森出版教育的课程和师资两方面,分析论述其出版教育的独特性。

关键词:爱默森学院 出版教育 文学素养

一 概念界定

出版教育是指一些学院、大学等高等教育机构,以及一些专门的教育培训机构,为培养出版专业人才而施行的编辑出版方面的教育。其中包括各大学、学院开设的硕士学位教育、本科教育、暑期培训,以及一些出版企业定期举办的出版培训班、出版讲座与研讨会等。

文学素养是指一个人或组织在文学创作、交流、传播等行为及语言、思想上的水平。文学素养相对于"文化素养"更加具体,通常指某人在文学领域,如诗歌、小说、评论等方面的综合能力。[1]

---

[1] http://baike.baidu.com/view/2080653.htm.

二 选题背景

由于当下我国出版教育存在重理论轻实践、学科体系不完备、课程设置不合理、学校教育与现实需要脱节、供需错位等诸多问题，为能为我国出版教育找到一条更切实有效的发展道路，诸多出版界学者对国外出版教育进行了多方位的研究，以期找到可资借鉴之道。近年来，国内刊物上涌现出诸多介绍和探究国外出版教育的文章和论文，其中尤以介绍美国的为多。因为美国是目前世界上出版产业最为发达的国家，也是世界上最早开展出版教育的国家。从1947年拉德克里夫学院（Radcliffe College）创办暑期出版研讨班开始，其编辑出版教育经过半个多世纪的发展，现已形成了较为完备的出版教育体系。所以，对其出版教育进行研究，能为国内出版教育的发展提供一些借鉴和参照。

当下国内诸多有关美国出版教育的研究，以及中美出版教育的对比研究，无不强调和突出美国出版教育在课程和师资方面同出版实践的紧密联系：其课程设置注重职业技能和实际操作、贴合实际需要，教师多由业界资深人士兼职……在众多介绍美国出版教育的文章中，提及和论述最多的，是在出版教育方面具有相当代表性的纽约大学和佩斯大学。它们的出版教育主要倾向于对学生出版技能的培养，力求为社会培养紧跟行业发展、能实际满足行业需要的专门人才。因而，它们偏重于对学生进行"实用"的出版管理技能、营销策划和出版技术等方面知识的传授和训练。而爱默森学院作为美国独具代表性的开设出版教育的院校之一，其出版教育课程同当下时新的商业性出版、出版管理技能和出版技术等都无甚联系，而是更多地专注于传统出版知识的传授。由于其出版教育并非美国出版"实践性"和"迎合市场需求"的典型代表，甚至还有些"背道而驰"，所以国内对其出版教育的研究和介绍较少。然而，其出版教育在美国却有着不容忽视的独特地位。

三 爱默森学院简介

爱默森学院创立于1880年，早期为一所教授有关公开演讲辩论的小型学校。其创办人Charles Wesley Emerson认为，传播沟通乃推动社会进步的原动力。故致其毕生心血创立爱默森学院，以培养优良的传播及表演人才为其办校宗旨。①该校提供37个艺术和信息传媒的学位项目，多年来发展成为国际公认的多元化学院，其中设有通信、市场营销、通讯科学、新闻、表演艺术、视觉艺术和媒体以及文学、写作和出版等学院。1980年，爱默森学院设置了写作和出版研究生专业（MA in Writing and Publishing），成为美国最早设立出版硕士点的高校。②长久以来，爱默森学院以其拥有专业领先地位而享有口碑。

爱默森学院将出版教育专业置于其"文学、写作和出版学院"之中。光从其所属学院的名称，我们就不难设想，其出版教育必定不可避免地融入了诸多文学和写作方面的内容。如同国内很多编辑出版学专业下辖于文学院一样，天生就带有很强的文学性和理论性。

爱默森学院的"文学、写作和出版学院"以培养学生的写作才能为主，同时讲授图书、期刊出版方面的基础知识，以及网络出版方面的相关知识。本专业学生在熟知出版业内各方面知识的同时，还可通过文学课程和写作研讨班的学习，与世界上一流的作家、学者和业内人物广泛接触。

四 "学者—作家—编辑"融于一体的出版教育

爱默森学院的出版教育，从某种程度上说，是一种集"学者—作家—编辑"于一体的精英主义教育，主要体现在以下几点。

（一）文史知识的全方位涉猎，培养学者底气

爱默森学院的出版教育分为本科和硕士两个级别，它是美国为数不多的在出版教育方面既包含有本科教育，也包含有研究生教育的院校。

1. 本科出版教育

爱默森的"文学、写作和出版学院"为本科生提供两种学位：文学学士学位（BA, Bachelor of Arts）和艺术学士学位（BFA, Bachelor of Fine

---

① 百度百科，http://baike.baidu.com/view/3520148.htm?fromId=2809949。
② http://school.nihaowang.com/2830.html。

Arts)。攻读艺术学士学位的学生需要修满 56 个学分的课程，其主要课程见表 1。

表 1　艺术学士学位课程

文学方面	文学研究入门（必修）
	文学基础、美国文学、英国文学（3 选 2）
	非小说的艺术、诗歌艺术、小说艺术（3 选 1）
写作方面	创新写作入门、中级创新写作（6 类）、高级写作（6 类）
出版方面	杂志写作入门、中级杂志写作、专栏写作、高级专题讲座

相对于艺术学位来说，文学学位涉及出版的课程有所增多，但比重上仍远不及文学与写作方面的课程（见表 2）。此学位的课程专注文学史和出版界，同时也帮助培养学生具备创新写作和批判性思考的能力。学院致力于从不同的理论和文化视角来为攻读文学学位的学生讲授文学史和各种文学形式，同时也教授学生有关批判性阅读、思考和写作的技能。

文学学士学位要求选修至少 52 个学分的课程，主要课程如表 2 所示。

表 2　文学学士学位课程

文学方面	文学研究入门（必修）
	文学基础、美国文学、英国文学（3 选 2）
	非小说艺术、现代和后现代诗歌、欧洲大陆文学、诗歌艺术、小说艺术、美国短篇小说、英国小说、美国土著文学、莎士比亚悲（喜）剧、世界文学、美国小说（选修 4 门）
	诗歌专题、英国浪漫主义文学、欧洲文学专题、美国文学专题、世界文学专题、文化批评、小说专题、非小说专题（选修 1 门）
写作方面	创新写作入门（6 类）、中级创新写作
出版方面	杂志写作入门、中级杂志写作、稿件编辑、杂志出版概览、图书出版概览、印刷出版流程（6 选 2）

除以上主要课程外，"文学、写作和出版学院"为满足学生的不同兴趣，以及从提升学生基本知识素养出发，还开设有跨院系、跨学科的文科（The Liberal Arts）方面的课程，并以此作为基础课程，要求所有学生进行学习，让学生广泛了解政治、历史、哲学、科学、文学和艺术方面的

知识。

2. 硕士出版教育

爱默森学院的研究生课程分为全日制和非全日制两种：全日制学制两年，非全日制为2年半至3年。相较于其他院校的出版课程来说，爱默森学院在教授出版课程的同时，更多地融入了文学和写作方面的课程，把出版、文学和写作相结合。其为出版专业研究生提供的课程主要涉及图书、杂志和电子出版，小说、非小说写作，文学和书评等方面。

2011年秋季之前，爱默森学院出版硕士研究生的必修课程还包括2门文学类课程，但从2011年秋季开始，文学类课程已退出了必修课程之列，出版硕士可根据自己的兴趣和需要来决定是否需要选修文学类课程。其提供的文学选修课主要包括以下内容：

> 当代英国小说、英国文学、现代/后现代诗歌、诗歌格式、理论与实践、美国文学、戏剧学、文学研讨会、当代美国小说、世界小说、当代短篇小说、当代世界小说、电影小说、文学理论与评论研讨会、美国短篇故事、当代图画书、现代美国小说、青少年文学、美国印第安文学、美国少数民族小说家、女性小说家、美洲文学、美国非小说文学、拉美小说。

（二）专业、全面的写作训练，练就作家文笔

爱默森学院出版教育的基本特征，除了广泛的文史知识的涉猎外，就是大量的写作或说创作方面的训练。在本科阶段（见表1和表2）有创新写作入门、中级创新写作和高级写作，还有出版方面的杂志写作和专栏写作。此外，到了硕士阶段，其必修课程还包括新生写作、诗歌专题研讨、小说专题研讨、小说高级专题研讨、非小说专题研讨、小说写作、非小说写作等课程。

爱默森学院不但为出版专业学生开设大量的写作课程，而且其教授写作课程的教师还大多是作家出身（见图1），有的甚至是美国国内知名作家和撰稿人，他们曾经从事或正在从事文学创作，有着深厚的文学修养、丰富的文学创作经验和创作成果（见图2）。

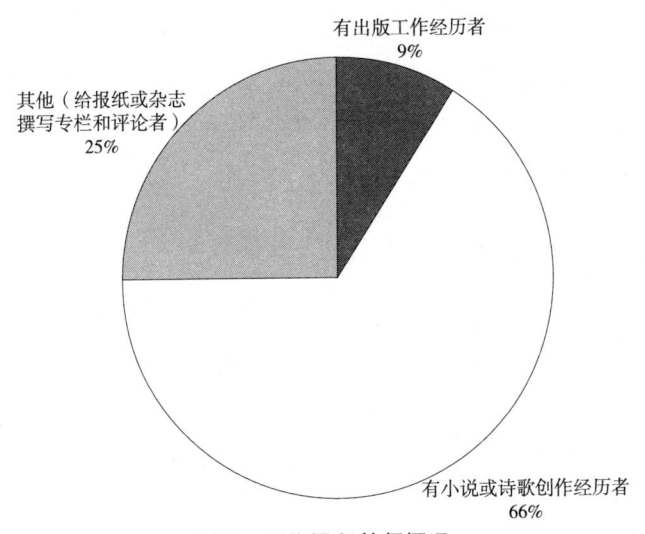

图1 写作课程教师概况

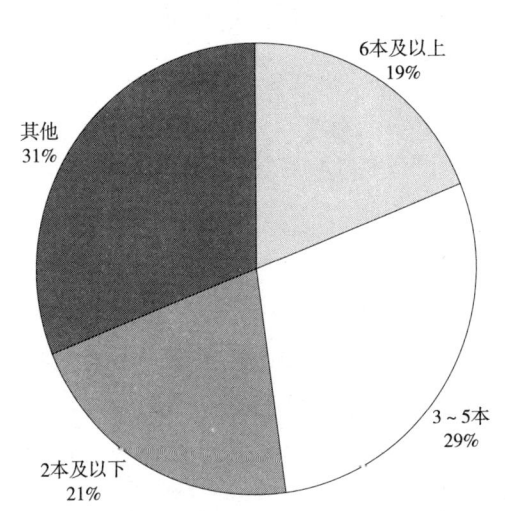

图2 写作课程教师写作成果

这些从事文学创作的一流作家、评论家齐聚"文学、写作和出版学院",其任务就是教会学生懂创作、懂欣赏,教会他们如何去构思并写出好的作品,以及如何去评判一个文学作品的优劣。因而,从爱默森"文学、写作和出版学院"走出的编辑人才,多多少少都经历了写作的磨炼,接受过文学评判、文学审美等多方面的培养。

与此同时,作家们也会不可避免地向学生,尤其是出版专业的学生灌输一个编辑应有，却常常被编辑自身所忽视的"作者意识"（即在审阅或编辑一份稿件时，能够意识到有作者的存在，意识到任何一份稿件，无论好坏，都是作者心血的结晶）。因为他们是作家，而且大多已是小有名气的作家，一路走来对创作有着深切的体会，而且同业界编辑有过或深或浅的交往。因而，他们十分明白，一个好的、称职的编辑对一个作家成长的重要性。所以，当聚集在爱默森学院的作家们培育未来的编辑时，就免不了会教授眼前这些即将成为编辑的学生，去学会和懂得尊重作者的劳动成果，并且应不遗余力地为作家们提供帮助。如此，经受了文学和创作训练的出版专业学生进入出版界，从某种程度上说，是带着一种潜在的文学身份而介入出版业的。这样的背景和身份，能够帮助他们从一开始就树立起强烈的作者意识。

（三）鲜活的专业知识学习，造就编辑之才

爱默森学院设置的出版课程主要有以下内容：

杂志写作入门/介绍（4学分）、文稿编辑（4学分）、中级杂志写作（4学分）

杂志出版概览（4学分）、图书出版概览（4学分）、印刷出版应用（4学分）

专栏写作高级研讨会（4学分）、图书编辑（4学分）、电子出版（4学分）

图书设计与制作（4学分）、杂志设计与制作（4学分）、出版专题（4学分）

杂志写作（4学分）、杂志写作专业伦理（4学分）、杂志编辑（4学分）

编辑/作者关系（4学分）、杂志出版（4学分）、专栏写作（4学分）

图书出版（4学分）、电子出版概览（4学分）、高级写作与出版（4学分）

从以上所列课程我们可以看出，爱默森学院的出版教育更多的是传统出版基础理论和实践的教授，如杂志出版概览、图书出版概览、文稿编辑、图书编辑等。此外，写作方面的课程占了相当一部分比重，如杂志写作（包括入门、中级和高级）、专栏写作、高级写作等。另外一个较为明显的特征，就是其课程对数字/电子出版方面较少涉及，只有"电子出版"和"电子出版概览"两门，而对当下时新的技术出版和出版商业方面的内容却不曾涉及。

爱默森学院不仅文学和写作课程有专家执教，出版课程的教师队伍也大多来自出版领域，有着丰富的出版实践经验（见图3）。

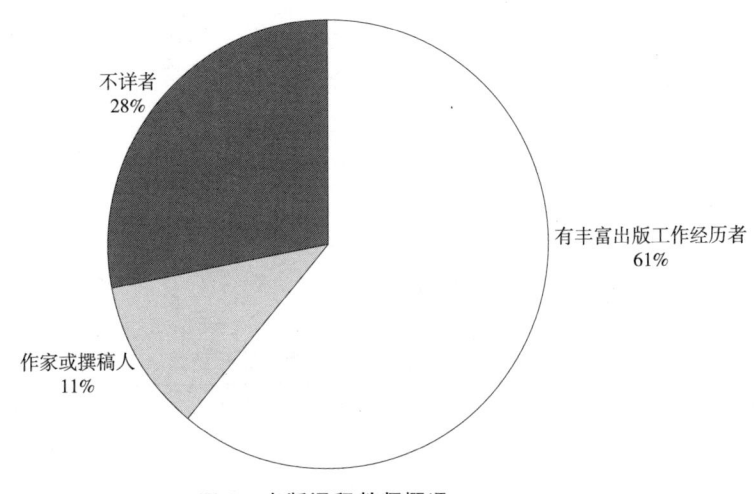

图3 出版课程教师概况

爱默森"文学、写作和出版学院"师资构成中，兼职教师远远超出全职教师，达到62%（见图4）。而在专门教授出版课程的教师中，兼职教师的比例更大。在18位教授出版课程的教师中，有15位为兼职教师，而全职教师仅有3位（见表3）。

出版课程的讲授，往往需要教师有鲜活的业界实践经验。所以爱默森学院所聘的教授出版课程的师资大多是活跃于出版界的精英和在出版界摸爬滚打十几年甚至几十年、有着丰富出版实践经验的业界人士。当中包括编辑主任、自由文稿编辑家、资深出版家和编辑、出版社总编辑、图书销售总监，等等。他们在出版领域对图书编辑、生产制作、销售、宣传等诸多方面都有所涉猎，深谙出版界发展历史、发展现状和走向，对编辑和出版工作有着切身体验，并且很多都为出版业的发展作出过相当贡献。这样

145

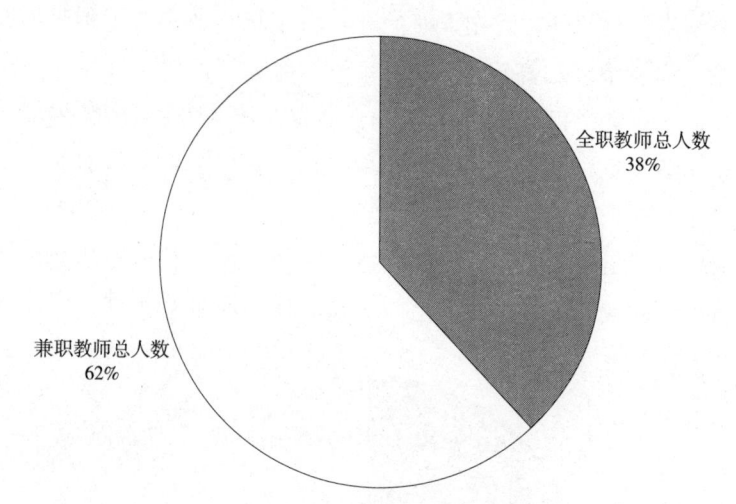

图 4　全职与兼职教师比例

一群业界精英在学校兼职，可以为学生传授最新、最贴近现实的出版知识，可以保证学生所学知识的鲜活性。

表 3　爱默森学院出版课程师资情况

全体教师学历及人数	全职教师学历及人数	兼职教师学历及人数
本科（4 人）	本科（0 人）	本科（4 人）
硕士（13 人）	硕士（2 人）	硕士（11 人）
博士（1 人）	博士（1 人）	博士（0 人）

五　爱默森学院出版教育之优长

一个真正的编辑，首先需要具备的是深厚的文学素养和理论素养，还要具备鉴赏作品的眼光和评判作品的能力。因为编辑自身的眼光和积淀，决定了其出版图书的优劣，从而也很大程度上影响甚至决定了其所在出版社的名声和地位。而要具备这样的能力，他必须至少和作者站在同一水平线上，这样他才有资格去选择、评判作品。

从以上的论述中可以看出，爱默森学院培养出的出版人才，天生就带有很强的文学气、作家气。而这样具有"文学气、作家气"的人以编辑身份介入出版业，从某种程度上说，便是将"学者—作家—编辑"融为了一体。而这样的融合,这样一种学者和作家的身份,对于一个编辑而言,其益处是多方面的。

作为学者,他具备广博的知识、广阔的视野和潜能,能够更好、更全面地把握时代、认识历史,从而使其具备对作品的全面、深入的评判能力;同时,学者本身所具有的那种理性的思辨分析能力和严谨的治学精神,又能成为其雄厚编辑力的强大后盾。作为作家,其对生活的敏感和深邃觉察,以及在描摹现实方面所拥有的高度技巧和创新精神,又能促使其在编辑出版过程中发现新人新作,对文稿提出切实、有用的修改意见,并进行实际加工。

我国现代出版业的发展史就是一段"学者—作者—编辑"融合互推的历史。在中国现代文学史上,由于特殊的环境,作者与编者的分工没有当下那么清楚和严格,往往一个作家身兼多个角色,既是作品的创作者,同时又是编者和出版者。例如郭沫若、鲁迅、茅盾等,他们常常在文学和出版领域身兼数职。"一方面,编辑出版行为促进了他们的文学创作;另一方面,文学创作又使得他们向编辑出版业渗透、发展。"[1] 他们不仅写出许多有影响的文学作品和学术论著,为繁荣文坛、推进现代文学发展作出了巨大贡献;同时他们又以自己特有的丰厚学养和独到眼光,编辑出版了大量优秀的报刊图书,极大地推动了我国现代出版业的发展。[2] 由于其具备的双重身份,他们既有作为作者对思想变为文本过程的艰辛体验,又有作为书刊编辑出版者的生活和工作经验。这样的双重经历,构筑起了他们与那些以赢利为目的的书商、职业编辑完全不同的编辑出版理念、审美情趣和审美观念。

爱默森学院融"学者—作家—编辑"于一体的出版教育,是其致力于培养全方位传媒人才的一个集中体现,其培养模式不仅能推动出版业的发展,同时也能间接促进文学的进步。

---

[1] 廖传江、黄永一:《论郭沫若的编辑出版精神》,《乐山师范学院学报》2011年第2期。
[2] 丁志星:《论现代文学大家及其编辑出版行为与文学活动的互动效应》,南京师范大学毕业论文,2006年5月。

六　结语

　　爱默森学院的出版课程，从性质上来说，并没有很强的技术性和商业性。出版专业课程，结合文学和写作方面的课程，不仅有利于学生专业知识的掌握，同时也有利于学生文学素养的提升。在其整体师资构成上，绝大多数是从事小说或诗歌创作的作家、诗人或文学评论家，以及报纸和期刊专栏作家。而专门教授出版课程的教师又几乎都有着丰富的出版工作实践经验，而且业界兼职教师占绝大部分。这就是爱默森学院出版教育的独特之处：无论是文学、写作，还是出版，其师资都无一例外地是业界具有丰富实践经验者。作家、诗人、评论家、出版家、编辑家，构成了爱默森学院出版教育的强力团队，为学生专业课程的学习、文学素养的提升和写作能力、评判能力的培养，起到了全方位的辅助作用。

　　由于学院师资绝大部分来自文学创作领域，因而学生通过文学课程和写作研讨班的学习，能够与世界上一流的作家、学者和业内人物广泛接触。此外，由于学院内浓郁的文学创作环境，其培养出的出版人才必然绝大多数是懂得创作的人才，以及懂得正确评判作品价值的人才。同时，一些来自出版业界知名公司的专业人士，如编辑、书刊设计师、出版家，以及资深顾问，他们的行业经验不仅能够帮助学生打下坚实的有关传统出版的知识，同时也能让他们了解到当前出版市场的趋向，以及电子出版的革新。因而，这样的师资环境使得学生能够具备较好的创新性。这样集"学者—作家—编辑"为一体的培养模式，似乎成为当下并不流行却很亟须的"通才教育"的典型。

　　因而，在美国诸多偏向实践教育的出版院校中，爱默森学院可谓是一个坚守文学素养先行的例外。尽管当下数字出版、网络出版、桌面出版、多媒体出版等多种出版形式风行于出版界，同时相关的各种实践教学和技术课程也逐渐涌入出版专业教育的课堂，然而爱默森学院依旧坚守着文学的教育、人文素养的教育，以及传统内容出版的教育。注重对学生素养、视野和眼光的培养，强调出版人自身也能懂创作、懂欣赏、懂评判，而不仅仅是关注出版技能的训练。

所以，它始终在坚守，而且这样的坚守已经把无数的爱默森学院的校友变成了出版业界的领导人物，使他们成为文学代理人、评论家、编辑顾问、图书和杂志编辑、杂志撰稿人、公关人员、市场营销人员和印刷制作方面的专家，很多人成为在当地甚至全美国都很知名的期刊和杂志的创办者。

参考文献

［1］赵苏阳：《美国出版教育体系对我国的启示》，《中州学刊》2009年第2期。
［2］洪九来：《美国出版专业研究生教育的特色及启示——一个以佩斯大学出版系为中心的考查》，《现代出版》2011年第3期。
［3］林余荫：《美国出版教育特征分析》，《广西民族大学学报》2006年第2期。
［4］张志强、张瑶：《国外出版研究生概述》，《中国编辑》2006年第2期。
［5］张志强、万婧：《美国研究生教育述略》，《编辑学刊》2005年第6期。
［6］张晓立：《解析美国教育》，中央编译出版社，2012。
［7］郭小平：《杜威》，开明出版社，1997。
［8］杜威：《杜威五大演讲》，胡适口译，安徽教育出版社，2005。

On Publishing Education of Emerson College

LI Xueyan

(Beijing Institute of Graphic Communication, Beijing 102600, China)

Abstract: Publishing education in America is known for its practical characters. And with the increasingly prominent commercialization of the publishing industry, a variety of commercial courses on publishing flood into the classes of colleges and universities. At the same time, the grasp of kinds of business knowledge and publishing skills which can be specifically practiced in the publishing activities, has increasingly been focused by various publishing institutions. However, among a variety of higher education institutions which offer publishing courses in America, Emerson College seems to be an exception. Emerson College emphasizes a great deal on literature and writing, and therefore its publishing education is in favor of the traditional literary accomplishment and the training of writing skills. This paper intends to explore the unique particularity of Emerson College, by mainly focusing on the analysis of its publishing courses and teaching staffs.

Keywords: Emerson College; publishing education; literary quality

编辑出版学专业大学生考研意向调研及分析

——以北京印刷学院编辑出版学专业为调查对象

王彦祥 禹 蕊

(北京印刷学院,北京 102600)

摘 要:本文采用调查统计、分析归纳等方法,对编辑出版学专业大学生考研意向的共性和特性进行了分析和研究。调研表明,专业认知、学习状况、性别和年级高低等因素,都会影响本专业学生的考研意向;考研动机与报考学校类型、报考专业类别有直接关联,而选择本科所学的编辑出版学专业,并集中报考出版专业硕士学位,成为目前本专业学生的考研主流趋势。

关键词:编辑出版学专业 考研意向 本科教育 研究生教育

本文研究的核心是编辑出版学专业大学生考研意向问题,主要以北京印刷学院该专业在校大学生为调查对象,希望通过调研和分析能够知晓:①编辑出版学专业大一新生、大三潜在考研学生和大四已考研学生对报考研究生的认知情况;②该考研群体的专业思想对考研意向的影响;③该考研群体选择考研的学校类型、专业方向的实际情况及其原因所在;④该考研群体的考研初衷与实际考研情况的验证对比情况。

此次调查问卷设计由两部分构成。第一部分是被调查者的基本情况,包括性别、籍贯、所在专业方向和对所学专业认知度和满意度,旨在了解被调查者的基本情况,分析这些因素对学生选择考研意向的影响。第二部分是调查学生考研的原因,选择考研学校的类型,报考的专业方向,报考专业方向时放弃本科所学专业的原因,以及第二年是否继续考研和是否更改专业方向等问题。

一 考研意向的调查描述

(一) 调查对象设定

在本次调查中,笔者将研究对象确定为北京印刷学院编辑出版学专业大一(2010级)、大三(2008级)和大四(2007级)在读大学生。

大一新生刚刚接触编辑出版学专业,对自己所学专业知之不多,通过"出版专业教育"课程学习,完成"大学四年学业规划"作业后,会对自己四年的学习和今后是否考研有一个较为明确的规划。大三学生一般对自己所学专业已经有了比较充分的了解,通过老师和学长的介绍,已经有了考研的想法和计划,成为即将考研的主力。大四学生已对自己的目标定位非常明确,对考研要报考的学校和专业方向了然于心,成为了实施考研的主体。

(二) 调查方式与对象分布

为了较全面地掌握北京印刷学院编辑出版学专业学生的考研意向数据,笔者于2011年4~5月期间,采用发放回收问卷和访谈等方式,对目标对象的大一、大三、大四学生进行了调查分析。为了验证学生考研意向,一年半后的2012年9月,对原大三、原大四学生考研的报名情况和实际录取结果进行了跟踪调研,取得了第一手资料。

其中,大一学生是通过查阅全体学生的"大学四年学业规划"作业,整理出考研的相关数据并作统计分析。对大三同学则全体发放问卷93份,收回有效问卷53份,再经过统计汇总获得考研相关数据。对大四学生则是通过采访已经考研的同学,提问调研问题并作记录,经整理后得出具体考研数据。

(三) 调查对象基本情况

在所调查的348名学生中,包括大四已经考研和大一、大三打算考研的学生,总人数为111人,占本专业全体在校生总人数的31.9%。其中大一有39人,占考研总人数的35%;大三为53人,占考研总人数的48%;

而大四已经考研的同学有 19 人，只占考研总人数的 17%。这些数据基本反映了北京印刷学院本专业学生的考研意向实际状况，具体比例分布如图 1 所示。

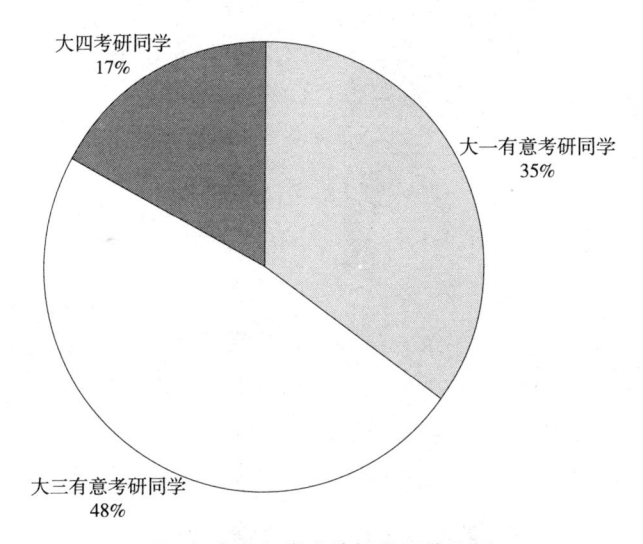

图 1　各年级学生选择考研的比例

二　大一新生考研意向分析

（一）大一考研学生基本情况

通过阅读和整理大一新生提交的"大学四年学业规划"作业，可知大一新生确定考研的学生比例为 25.2%。潜在的考研同学则处于观望状态，依据自身的学习等情况到大三时会再做决定，这部分学生占大一学生总量的 3.7%。71.1% 的大一同学则选择不考研。

在选择考研的大一同学中，女生达到 36 人，男生只有 3 人。换算成百分比是，女生计划考研比例达到 92%，男生只有 8%。

（二）大一新生准备考研情况分析

从图 2 可以看出，大一新生选择考研的原因，最主要因素是希望提高自身竞争优势，以利于今后求职就业，这部分学生占到学生总数的 56.4%。另外，33.3% 的同学选择考研是因为喜欢编辑出版学专业，希望通过考取研究生来提升专业知识结构和层次。还有10.3%的同学不喜欢此专业，希望四年后通过考研重新选择自己心仪的专业。

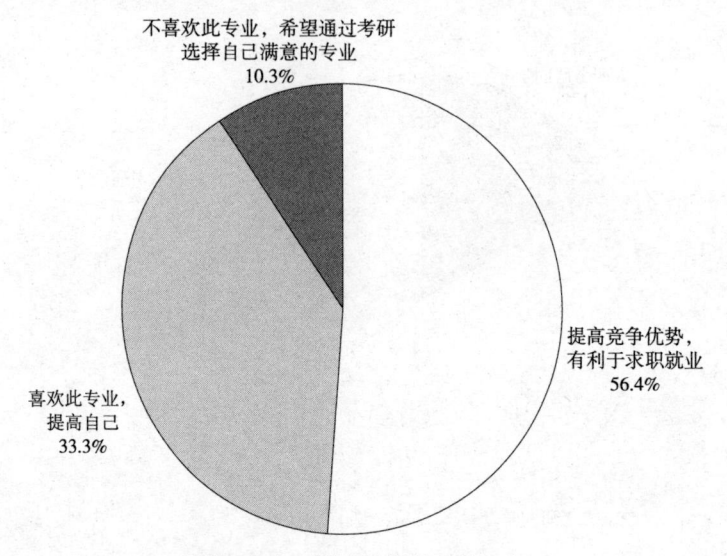

图2 大一新生选择考研的理由

低年级学生的专业思想状况也会影响学生对自己前景的看法，从而间接影响他们的考研意向。调研后得知，大一新生对自己的专业基本都是满意和比较感兴趣的。在选择考研专业方向时，69.2%的学生还是选择了自己所学的编辑出版学专业（见图3），还有12.8%的同学选择了与本专业相关的新闻传播类专业，另有10.3%的同学选择自己感兴趣的其他专业，

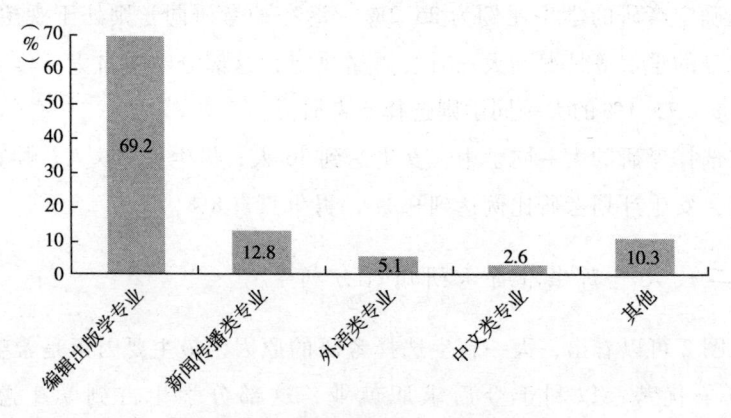

图3 大一新生选择的考研专业方向

如法学、教育学和经济类等一些热门专业。这也能够分析出，有相当数量的大一新生对自己所学专业尚处于一种模糊状态，对专业的未来发展还不够清楚。在报考学校方面，大一新生更偏向于报考外校，学校类型则偏重于国内一流大学和其他重点大学。

三 大三学生考研意向分析

（一）大三考研学生的基本情况

本次调查的大三学生是北京印刷学院2008级编辑出版学专业全体同学，总人数为93人。通过调查得知，有53人选择考研，占总数的57%，即超过一半的学生选择了考研。其中，男生6名确定考研，占总数的11%；女生47名选择考研，占学生总数的89%。女生考研比例远远高于男生，这可能与男生就业前景相对较好有关。

在选择考研的学生中，有接近一半的同学家庭所在地是北京市城区，占总数的49%（见图4）；家庭所在地为北京市郊区的占到26%，家庭所在地是外省市区的占到25%，与北京市郊区学生考研的比例基本持平。

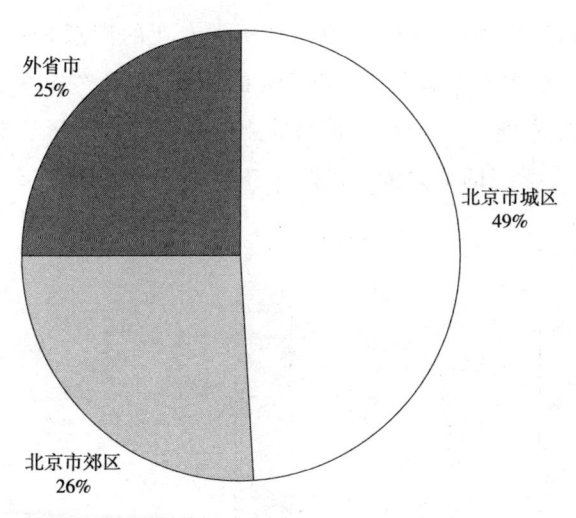

图4 大三考研学生的生源地比例

进一步调查得知，在选择考研的大三学生中，有92.5%的同学是高考后直接进入北京印刷学院编辑出版学专业的学生，而通过专升本或转专业进入本专业的学生选择考研人数各占 3.75%。这说明选择考研的绝大多数学生是高考第一志愿进入本专业的，其专业基础和专业忠诚度都比较理想。

北京印刷学院对 2008 级编辑出版学专业学生设立了技术编辑和出版发行两个专业方向，调查后得知属于技术编辑方向的考研学生占到 73.6%，而出版发行方向的学生只有 26.4% 选择考研。这有可能是出版发行专业方向的学生自我感觉今后从事发行工作不需要研究生学历学位，且发行工作的求职就业机会更多一些，因此对于本科毕业后直接投入专业工作更加期待。另外，修读出版发行专业方向的男生居多，就业前景相对较好，也导致这一专业方向的意向考研人数和比例比技术编辑专业方向低了近 1/3。

（二）大三学生准备考研情况分析

1. 专业思想状况与考研动因分析

大三学生通过两年的基础课程和专业理论课程学习，再加上大三已经开始专业方向课程的学习，他们对所学专业已有相当程度的了解，因而对自己的未来也有了较为明确的规划。

统计结果显示，大三学生对于自己所学专业的满意程度很高。其中，15.1% 的同学选择"很满意"，79.2% 的同学选择"基本满意"，另有 5.7% 的同学选择了"不满意"。值得欣慰的是，对自己所学专业持满意态度的，占到大三学生的绝大多数，即 94% 以上（见图 5）。

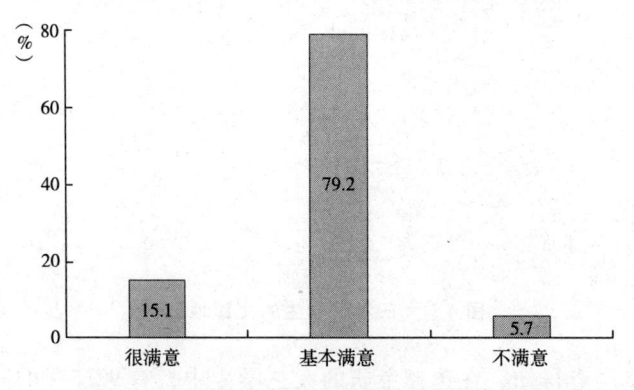

图 5 大三学生对所学专业满意度的调查结果

有意向考研的53名同学中，认为促使自己考研的直接动因是"本科专业没有竞争优势，考研有利于求职就业"的比例占到64.2%。这一高比率反映出，本专业学生有希望通过考研来提升自己，以利于更好地从事专业工作的强烈愿望。认为促使自己考研的动因是"喜欢所学专业，希望通过考研提高自己的知识结构和层次"的学生比例为32.1%，这部分学生希望通过考研来挖掘自身潜能，以证明自己的实力，更好地实现自我价值。

选择其他考研动因的还有："家长督促，外界压力"（占24.5%）、"躲避社会压力，继续校园生活"（占20.8%）、"希望深造成才"（占15.1%）等。

这组调研数据说明，影响学生考研与否的因素还有另外三个，即个人、家庭和社会，其中社会因素是促使大三学生选择考研的首要动因。由此可见，大三学生都非常关心自己将来的就业问题，特别是在当前就业形势比较严峻的情况下，他们对于考研的目的性变得越来越实际。

2. 选择考研学校分析

在考研报考学校方面，调查结果是大三学生更偏向于报考外校。有69.8%的同学选择考研时报考外校，30.2%的同学选择报考本校，二者之间形成了2∶1的比例关系。

在选择考研报考学校类型方面，有26%的同学选择国内一流大学，36%的同学选择重点部属大学，其余38%的同学则选择北京印刷学院这样的北京市属普通大学。由此可以看出，大三考研学生希望报考和入读更高级别的大学，争取在研究生阶段有更好的学习和锻炼机会；而1/3多的同学选择报考市属普通大学，说明这部分学生比较务实和客观。与大一学生相比，大三学生结合自身因素更加理智地选择报考学校类型，而接近2/3的大三学生选择报考外校和高级别大学，对于北京印刷学院这样的市属普通大学来说，需要进一步了解学生的考研动向，并分析研究考研的指导策略，以争取较多的生源。

3. 选择报考专业及原因分析

对于大三学生考研的专业意向选择，经数据统计得知，有43.4%的同学还是偏向于自己本科所学的编辑出版学专业，另有26.4%的同学选择了编辑出版学之外的新闻传播类专业，剩余同学选择了更宽泛的中文类专业。

在调查大三学生报考研究生专业方向的动因时,选择"延续本科所学专业"的占比最高,达到41.5%。另外还有"一直喜欢此专业"(占35.8%)、"有发展前途"(占26.4%)、"好就业"(占17%)等因素列前几位。借此可以认为,大三学生在确定报考专业时能够比较多地考虑自身现状,如本科所学专业、个人兴趣和学习能力等。这也表明,大三学生在选择考研专业方向时能相对理智、客观地评价自己所学专业,并合理地确定考研专业方向。

进一步调研准备考研时放弃本科专业的同学,理由排在前几位的是,48%的同学选择要去追求自己考大学时心仪的但没有考上的专业,30%的同学认为本专业不值得继续攻读研究生。另有10%的同学选择其他原因,如想在本科专业学习的基础上,寻找自己有兴趣的其他专业或成为复合型人才,以增加竞争优势。12%的同学则认为本专业就业状况不理想,所以转投其他专业。放弃本科专业的同学或是因他们高考填报的第一志愿并非现在所学的编辑出版学专业,或者是在学习过程中发现本专业所学与其自身的期望不一致,从而导致考研时放弃编辑出版学专业,而去追求其他专业。

(三) 大三学生是否第二年继续考研的调查分析

在被问及如果第一年考研没考上,第二年是否继续复习应考时,大三学生中有53%的同学选择"现在不好说",40%的同学选择"否",只有7%的同学选择"是"。问及第二年考研时是否更改专业方向时,有51%的同学确定"不更改专业方向",47%的同学选择"说不清楚",只有2%的同学选择要"更改方向"。这说明大三学生对于自己所报考的研究生专业方向还是比较肯定的,通过一年的复习已经有了一定积累,如果再变换专业方向容易造成资源、时间、精力甚至金钱方面的浪费。

对于第二年考研想更改专业方向的学生,其所更改的专业方向比较分散(见图6)。其中,19%的同学选择"其他",这主要是指历史、语言、法律等专业方向,看来这些同学主要是依据自己的兴趣爱好来选择专业。另外,有15%的同学选择新闻传播类相关专业方向,还有15%的同学选择近年来的一些热门专业，说明大三学生第二年考研也是瞄准了与本科相近的专业方向，或者是社会认可度高且就业相对容易的专业。

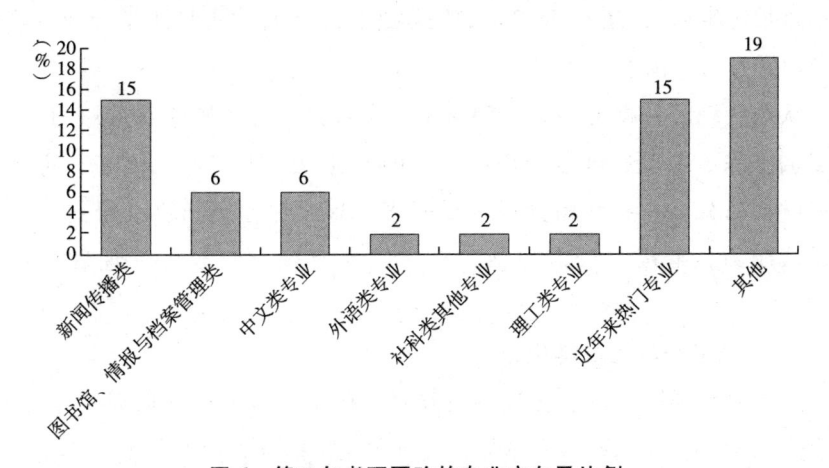

图6　第二年考研更改的专业方向及比例

四　大四学生考研意向分析

（一）大四考研学生的基本情况

本次调查的北京印刷学院编辑出版学专业大四学生共有120人，其中有19人参加了应届研究生考试，占到学生总数的16%，其考研比例是被调查的三个年级中最低的。进入大四后，很多同学都参加了相关的实习和培训，并且都对自己的未来发展有了一个明确的定位，而且大四学生存在着较大的就业压力，致使研究生报考率并不是很高。

在选择考研的大四学生中，男生占到26%，女生占到74%，这与大一和大三的考研性别比例基本相同，均是女生比例远远高于男生。北京印刷学院2007级编辑出版学专业设置了数字出版和出版发行两个本科专业方向，统计汇总后得知，数字出版方向学生的考研比例为36.8%，出版发行方向学生的考研比例为63.2%。

（二）大四学生实际考研情况分析

1. 考研动因分析

在选择考研动因方面，有57.9%的同学选择"喜欢自己所学专业，想进一步提高自己"；52.6%的同学选择"通过考研提高竞争优势，有利于求职就业"；31.6%的同学选择"躲避社会压力，暂时不想接触社会，想继续过校园生活"；还有26.3%的同学选择"不喜欢本科所学专业，希望考研时选择自己满意的其他专业"。

从这些统计数据可知，大四学生在实习就业与考研的双重压力之下，很多同学除了希望通过考研提高自己的专业竞争力以外，还有一定比例的同学面对社会现实开始变得实际起来，想通过考研和攻读研究生来逃避社会压力，继续过校园生活，这一倾向应该引起教育管理者的密切关注。

2. 选择考研学校及类型分析

在选择考研报考的学校及类型方面，有68.4%的同学选择报考外校，另有31.6%的同学选择报考本校，二者的比例接近2∶1，与大三学生的调研结果相近。在选择考研学校类型方面，有26%的同学选择国内一流大学，42%的同学选择重点部属大学，32%的同学选择北京市属普通大学。调查还发现，大四学生最关注的是报考学校的师资力量和学术水平，大多希望在研究生学习阶段得到较好的学业指导和专业发展。

3. 选择报考专业及原因分析

通过调查数据得知，有47.4%的同学选择本科所学的编辑出版学专业（见图7），31.6%的同学选择与新闻传播类相近专业，还有21%的同学选择了其他专业，主要是教育学或经济学专业。

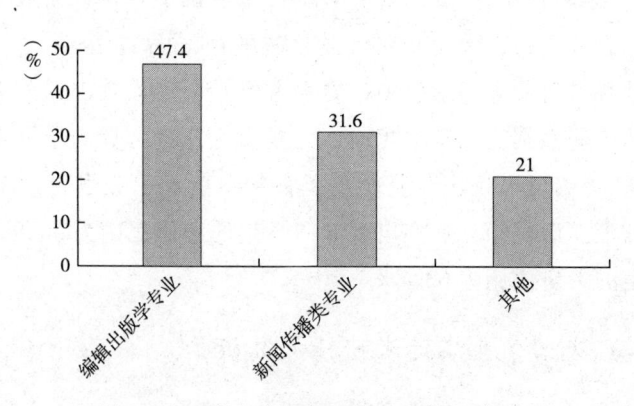

图7 大四学生选择考研的专业方向

随着年级的升高和社会阅历的不断丰富，大四学生所接触到的专业知识和考研知识都有所提高，对自己所学专业也有了更深入的认识。实际报考研究生时，大四学生选择考研方向的因素主要集中于"喜欢此专业"（占78.9%）、"考研有发展前途，好就业"（占63.2%）、"延续本学科专业继续深造"（占52.6%）这几点上。由此可以说，大四学生考研的动机已经比较端正，也能够较为理性地看待考研专业方向问题。

五　两届学生考研情况的验证分析

为了科学而客观地了解编辑出版学专业学生的考研意向，验证其实际考研结果，笔者在完成三个年级的考研意向调查及统计分析后，将此项工作暂停了一年多时间，目的就是为了获得北京印刷学院2007级和2008级本科专业学生的实际考研数据和考研结果，以验证当时的调研数据。

（一）原大四学生考研实际情况验证分析

2011年9月初，原大四学生即2007级学生的考研结果统计出来，其基本数据正如本文第四部分所揭示的，有19名同学参加了应届研究生考试，占到2007级毕业生总人数的16%。其中男生5名，占26%，女生14名，占74%。在报考学校及类型方面，有31.6%的同学选择报考本校，另有68.4%的同学选择报考外校，二者的比例关系大致是1∶2。有47.4%的同学报考了本科所学的编辑出版学专业，31.6%的同学报考新闻传播类专业，还有21%的同学选择了其他专业。

原大四学生的考研结果如下：共有4人考取了应届研究生，考研录取率达到21.1%，未考上的同学是否第二年续考已无法统计。考研成功的4名同学中，男女生各2人，男女生比例是平分秋色。考上本校即北京印刷学院的是1名男生，考取其他学校的3名学生是1男2女，二者的实际比例关系是1∶1，略逊于考研意向数据。考上本科所学编辑出版学专业的学生是3名，考取非编辑出版学专业的学生为1名。

原大四学生实际的考研结果与调研时的考研意向相比对，整体吻合度较好，但各有得失。考研报名人数是年级学生总人数的16%，实际考研录取率为 21.1%，二者的比例关系基本吻合。考研报名时的男女生比例大致是 1∶3，实际考研录取的男女生比例是 1∶1，说明 2007 级男生的考研表现明显好于女生。报考本校与报考外校的比例关系是 1∶2，实际结果是考取本校与考取外校的比例关系是 1∶3，生源实际的流失情况比预计多出 50%。而在选择报考本科所学专业与报考其他专业问题上，意向比例是各占一半，实际考取结果的比例则是 3∶1，这一数据表现明显要好很多。

（二）原大三学生的考研实际情况验证分析

2012 年 9 月初，原大三学生即 2008 级学生的考研结果也新鲜出炉，其基本数据是：有 26 名同学参加了应届研究生考试，占到 2008 级毕业生总数 93 人的 28%。其中，男生 1 名，占 3.85%，女生 25 名，占 96.15%，男女生的考研报考比例严重失调，达到了罕见的 1∶25。在选择考研报考的学校及类型方面，有 57.7% 的同学选择报考本校，另有 42.3% 的同学选择报考外校，二者的比例关系竟然扭转过来，接近 1.5∶1 的比例。有 20 名同学（占 76.9%）报考了本科所学的编辑出版学专业，占到压倒性多数；另有 1 人（3.9%）报考新闻传播类专业，5 人（占 19.2%）选择了教育学、哲学等其他专业。

原大三学生的考研结果如下：共有 12 人考取了应届研究生，考研录取率达到 46.2%。考研成功的 12 名同学是清一色的女生，男生则为 0，这说明 2008 级女生学习和考研表现很优秀，考研效果也很好。考上本校即北京印刷学院的学生有 6 名，考取其他学校的学生也是 6 名，这一比例关系恰好是 1∶1。考上本科所学专业学生为 11 名，且几乎全部是国家新设立的出版专业硕士，考取非编辑出版学专业的只有 1 名女生，这一现象值得进行深入分析。

将原大三学生实际的考研结果与调研时的考研意向数据相比对，以及与 2007 级的实际考研数据进行横向比较，其整体情况均大大好于预期。其中，原大三学生考研报名人数占年级学生总数的 27%，实际考研录取率为 46.2%，这不仅远远好于上年度的考研结果（是 2007 级 21.1% 录取率的一倍多），而且创造了北京印刷学院编辑出版学专业考研成功率的新高。

2008级学生考研报名时的男女生比例严重失调，达到1∶25，实际考研录取结果则是有过之而无不及，是0∶12。报考本校与报考外校的比例关系接近1.5∶1，实际结果正好是1∶1，较之上年度也有很大改观，生源的实际流失情况明显改观。在选择报考本科所学的编辑出版学专业与报考其他专业问题上，2008级从起点上就有了根本性变化，二者的报考比例关系3∶1，是2007级的3倍，而实际考取结果的比例关系则是11∶1，仅从数据上看就有了历史性突破，且这些学生几乎考取的都是出版专业硕士，既发挥了本科所学专业特色，也符合北京印刷学院的学生特点，很值得鼓励。

六 调研与数据验证后的总结

通过上述调查分析与数据验证，我们可以得到以下几方面结论。

（1）北京印刷学院编辑出版学专业各年级学生不仅具有较高的成就动机和抱负水平，而且有着开拓进取、敢于竞争、进而实现自我价值的拼搏意识，他们希望通过考取研究生来完善自己的知识结构，提高自己的专业水平。各年级学生选择报考研究生不仅着眼于自身素质的提高，同时与社会发展的人才需求总体上具有统一性。特别是在目前就业形势较为严峻的情况下，本专业学生对于考研的目的性相对来说变得越来越现实。在选择报考研究生专业方向上，他们能够比较冷静客观地作出自己的考研抉择，大多数学生还是会选择与本科学习相关的专业；而报考自己学校的出版学研究生点的学生越来越多，且考取比例也在逐年地大幅度提高。这一结论是值得欣慰的，也提醒我们要再接再厉，将本专业学生的考研工作进一步做到位。

（2）编辑出版学专业学生在不同的年级阶段存在着截然不同的考研意向，且考研意向和考研人数会随着年级的增长而降低。数据分析后可知，本专业学生的实际考研率并不太高，低年级学生的考研积极性相对而言要高一些。大一和大三同学的考研意向比例，明显高于大四学生的真正考研比例，这说明大一学生和大三学生对于考取研究生有较大的热情，而大四学生的考研热情明显下降，可能是面临就业与考研的双重选择时，务实地求职就业成为首选目标。另外，女生选择考研的比例大大高于男生，为

3∶1。这可能是因为本专业学生在入校时就存在着性别失衡现象，女生占到 70% 以上；还有就是本专业男生在就业方面占有明显优势而主动放弃了考研。因此，教育管理者应针对本专业学生在不同学习阶段的特点和性别差异，进行有针对性的考研动员和学业辅导。

（3）一些学生因为对其他专业感兴趣，或者是社会地位、家长压力或个人发展前途等原因，而报考非编辑出版学专业研究生，这一选择比例在三个年级中均占有很大比例，这种现象应引起学校管理者和研究生导师们认真思考。本科教育阶段不仅要教授专业知识，更要将编辑出版学的人文精神传授给学生，这样才能培养出专业思想稳定的合格人才。同时，帮助学生形成积极的职业价值观也很重要，要适时帮助本科生客观分析各个专业的特点，结合学生自身优势，使其冷静客观地选择研究生专业方向。对于高考时钟情于编辑出版学专业并直接考入本专业的同学，因其对专业始终充满兴趣，专业忠诚度高，在选择考研专业方向时，他们中的大多数会直接报考编辑出版类专业方向，而很少更换专业方向。因此，可以通过这部分同学，来提升本专业学生对编辑出版学专业的忠诚度并影响其他同学，进而扩展到报考研究生时有更多同学选择编辑出版类专业方向。

（4）研究生教育是后学历教育，是否报考研究生是本科生根据个人情况的自由选择，无对错之分。编辑出版学专业学生的考研动机比较端正，能较为理性地看待考研和读研，期望通过攻读研究生，在特定的专业领域有深入的研究和发展，并希望找到理想的工作，以实现自我价值。但也需要纠正那些本身没有学习研究兴趣，单纯为了给自己求职就业增加砝码而选择考研学生的错误想法。调查还显示，在本科阶段编辑出版学专业思想教育尚有欠缺，部分优秀学生欲通过考研等途径离开本科所学专业。在学生决定是否考研过程中，如果教育教学管理部门和专业教师加强引导，帮助本科生制定适合的职业生涯规划，鼓励有发展潜力的学生进入编辑出版类研究生行列，继续学业深造，那么对学生、对学校、对编辑出版学专业发展来说都是非常有益的。

（5）本次调查也对编辑出版类专业研究生教育提出了一些期望。倘若开办编辑出版类研究生教育的高校想要吸引优秀的本科生报考并攻读本专业学位，就必须努力提高编辑出版类专业研究生的培养质量，找到更利于学生今后专业发展课程学习的新途径、新方法，拉开研究生教育与本科生教育的层次，让本科生看到攻读编辑出版类研究生所带来的实际变化和未来广阔的发展空间。2008 级本科生绝大多数报考和攻读了 2011 年新设立的出版专业硕士学位，且在数量与质量上均取得了较大突破，这从某种意义上来说达到了教育者和受教育者之间的对应和契合。这是我们所期待的，也是此次编辑出版学专业大学生考研意向调研与分析的目的之一。

参考文献

[1] 王彦祥、朱宇：《编辑出版学研究进展：2009 年度报告》，中国书籍出版社，2010。

[2] 刘纯：《中国编辑出版学专业教育检视与分析》，《中国编辑研究》2003 年第 2 期。

[3] 陈莹、蔡立彬、赵宏霞、李迎：《对我校本科生考研意向的调查与分析》，《广东工业大学学报（社会科学版）》2003 年第 3 期。

[4] 薛深：《普通高校应届毕业生考研动机调查分析》，《教育与职业》2004 年第 3 期。

The Survey and Analysis on the Willing for Graduate Study of College Students Majoring in Editing and Publishing

—Take the Undergraduates Studying Editing and Publishing in Beijing Institute of Graphic Communication as Respondents

WANG Yanxiang, YU Rui

(Beijing Institute of Graphic Communication, Beijing 102600)

Abstract: Through methods of investigation and statistics, as well as analysis and induction, this paper studied the commonness and special features of the willing for graduate study of college students majoring in editing and publishing.

The survey showed that a number of factors, including recognitions about this major, the study states, as well as genres and grades, influenced their willing for graduate study of the undergraduates. Also, it turned out that the motivations for further study relates directly with their intending schools and majors. In addition, most students choose their undergraduate major, namely the editing and publishing, as their graduate study major, applying to pursue the professional Master's degree for publishing has become the main trend today.

Keywords: editing and publishing major; willing for graduate study; undergraduate study; graduate study

·出版文化传播·

维客的文化意义

孟祥兆　　王京山

（北京印刷学院，北京 102600）

摘　要：以维基百科为代表的维客完成了一个个看似不可能完成的任务，实现了一个个乌托邦式的梦想，也使我们看到了维客模式的巨大威力。维客的成功，是维客技术和运作模式的成功，更是基于善和爱的文化的胜利。

关键词：维客　协同　非专业化　非组织化

以维基百科为代表的维客完成了一个个看似不可能完成的任务，实现了一个个乌托邦式的梦想，也使我们看到了维客模式的巨大威力。维客的成功，是维客技术和运作模式的成功，更是善和爱的胜利，同时也是平等观念、非专业化、非组织和分担分享的胜利。

一　维客是善和爱的胜利

人性到底是善的还是恶的？这是一个历来争论不休、令人莫衷一是的问题。中国人传统上似乎是拥护"性善论"的，正如《三字经》所言，"人之初，性本善；性相近，习相远"；而孟子也曾说过"人皆可以为尧舜"[1]。相对而言，西方人对人性的恶具有更为清醒的认识。《圣经》明言："没有义人，连一个也没有；没有明白的，没有寻求上帝的；都是偏离正路、一同变为无用。没有行善的，连一个也没有。"[2]　"世人都犯了罪，亏

---

[1]　〔战国〕孟轲：《孟子》，万卷出版公司，2008，第 228 页。
[2]　《中文和合本圣经》，中国基督教协会，1996，第 170 页。

缺了上帝的荣耀。"① 由于西方文化对人性恶的认识较为深刻，防范也比较得力，取得了一定的成功。在西方发达国家，任何个人都不具有"一言丧邦"的能力；与之相对应的，任何个人的作用都是有限的，也不具有"一言兴邦"的可能性。

事实上，人性到底是善还是恶的答案可能并不唯一。由于人的复杂性，人性可能既有善的一面，也有恶的一面。中国传统文化的不足是显然的，它导致中国人缺乏对抗人性恶的能力。但是，中国传统文化与西方文化有共同点，它们都缺乏激发利用人性善的能力。原因很简单，遏制对抗人性恶的一面相对较为容易，而激发利用人性善的一面十分困难，需要制度建设和机制建设来保证善有善报、恶有恶报。由于社会的超级复杂性，这种制度建设和机制建设很难产生立竿见影的效果。

尽管如此，现实中的善行实际上是有的，甚至有时候还相当多。但我们依然可以感觉到善的匮乏。为什么？因为善行植根于爱，善的匮乏根源于爱的匮乏。那什么是爱呢？简单来说，爱就是人与人之间、人与事物之间的正向关系。善待亲人，善待朋友，善待他人，一言以蔽之，其实就是一种爱的表达。在爱的关系下，金钱和报酬的作用可以是微不足道的。我们可以为了经济报酬——钱，从事一些大型和长期的行为。而为了爱，我们更可以做出一些匪夷所思的举动。

互联网是爱的大本营。成千上万的人共同参与互联网建设，推动各项事业蓬勃发展，他们往往不是出于对金钱的追求，而是基于爱的奉献。互联网之所以拥有海量的内容，一个重大原因就是它构成了人类历史上最大的自愿项目之一。② 而维客更是人性中善和爱的胜利，无论共享、合作和集体行动都是基于参与者的自愿，是参与者对他人爱的表达，是参与者对行动的"意义"不懈追求的体现。维基百科设定的"人性本善"原则、"更多的眼睛发现更多的错误"的纠错模式，无疑是对人性善的一面的充分信任；而维基百科的版权约定、不给予条目撰写者经济报酬的做法，更体现了其对普通网络用户的善心与大爱，奠基于其对人性善的一面的充分

---

① 《中文和合本圣经》，中国基督教协会，1996，第171页。
② 〔美〕克莱·舍基：《未来是湿的：无组织的组织力量》，胡泳、沈满琳译，中国人民大学出版社，2009，第9页。

体察。同样，林纳斯·托瓦兹（Linus Torvalds）开发了 Linux 软件后，他免费发布源代码，使任何人都可以在使用过程中对其加以改进。由于托瓦兹不计报酬的工作，加上各国程序员所组成的庞大、广阔的网络，他们基于爱的目自愿地献出自己的时间和努力，共同拓展这个产品，最终使 Linux 操作系统在全世界范围内拥有了 2000 多万用户。[①] 今天，尽管互联网上还存在各种各样丑恶的行为，但是互联网的存在本身就已经证明人性善的一面可以造就多么伟大的奇迹。而维客的异军突起，更是人性善的一面和爱的胜利和奇迹。

二 维客是平等观念的胜利

人类社会的方方面面是千差万别的，因之不会是均衡的，认识到表象的差别背后的一致性需要具备超越的眼光和思维。因此，传统社会往往是等级森严的，人与人天生就是不平等的，这种认知和思维古今中外概莫能外。在中国，封建社会等级观念根深蒂固。儒家的"礼"是十分强调等级秩序的。孔子说过，"为政以德，譬如北辰。居其所而众星共之"[②]，体现出鲜明的等级观念。到了元代，将全国居民分为蒙古人、色目人、汉人、南人四大等级，社会上流行的"三教九流"观念更是将人们按照职业分列等级。理学的"三纲五常"也将人们按照身份分为不同的等级。森严的等级不但固化了社会的关系，也不利于人们彼此之间的平等相处，协同共进的创新社会因之成为空中楼阁。

"人人生而平等"成为社会的主流共识和价值观，还是在启蒙运动和资产阶级革命之后，并且经历了漫长的历史时期才成为社会的共识。以美国为例，仅就政治地位来说，取消黑人奴隶制、妇女获得选举权、黑人获得选举权等，经过了 100 多年的奋斗，才基本实现了美国公民政治权利的基本平等，而且美国各项政治制度仍远远称不上完善。至于其他各方面权利的平等更是难以预期。由此可见，要树立人人平等的观念进而实现人人平等是何等艰难。

---

① 〔美〕克莱·舍基：《未来是湿的：无组织的组织力量》，胡泳、沈满琳译，中国人民大学出版社，2009，第 9 页。
② 《论语》，山西古籍出版社，1999，第 10 页。

互联网的兴起使平等观念成为主流。互联网就是按照平等、开放的原则建设的。在互联网的前身阿帕网，为了保证即使遭受核战争破坏也能保持网络畅通，阿帕网被有意识地设计为分布式的网络，其各个组成节点之间是平等的，没有中央控制机构，这一特点和原则被后来的互联网完全继承下来。互联网的扩展是按照开放、自愿、平等的原则进行的，随着互联网扩展到全世界，互联网的无中心结构特点更加明显。在互联网上，大公司和小公司、名人和草根用户在网站建设和网页设计方面是基本平等的，人们难以从网址、域名等方面判断公司大小、名气大小，尽管在网络空间中不同的网站或网页事实上仍具有不同的知名度和访问量。

Web1.0模式下仍然存在把关人，而Web2.0则开放了信息的生产与把关，真正实现了"处处是中心，无处是边缘"。基于Web2.0的维客更是平等协同进行知识生产的典范。在维客网站，不但内容是普通用户提供的，信息的编辑加工与把关基本上都是由普通用户完成的，"人人是记者，个个是编辑"的运作模式取消了以往壁垒森严的角色划分。由于对参与者的限制极少，平等交互成为常态，每个人都可以修改加工别人提交的信息，同时每个人提交的信息也无条件接受别人的修改补充，在维客模式下每个参与者的权利是平等的，这是一种开放协同的自组织运作模式，由此众多草根用户的潜能被激发出来，造就了开放协同知识生产的奇迹。以维基百科为例，维基百科允许网络用户广泛参与，其各项内容材料实行完全"开放"，每一位注册用户都有机会直接参与充实和编辑网站的内容，可以不受限制地复制、修改及再发布材料的任何部分或全部。[1] 同时，维基百科采用平等互动的模式进行信息把关，并通过用户间的平等互动形成各种规范。维基百科采取的开放平等协作模式，[2] 使个人通过奉献自己的知识，而获得全体的智能。这种平等协作是维基百科能够不断演进的动力。

平等原则是维客模式发挥作用的基石。维客的参与者是平等的个人，

---

[1] 何筠红：《在线共享的自由百科全书》，《新世纪图书馆》2006年第4期。
[2] 刘晓坤：《维基人的"大同"世界》，《多媒体世界》2006年第8期。

因为限制很少，他们可以各展所长，各抒己见，贡献自己的知识。"海不辞水，故能成其大；山不辞土石，故能成其高"①，正是这种"不拘一格降人才"的运作模式，使维客取得了出人意料的成功。

三 维客是非专业化的胜利

与工业化大生产强调专业化相反，维客强调非专业化，或者业余化。这一点与其平等原则并行不悖。也可以这样理解，所谓非专业化，就是平等看待专业人员和非专业人员，实现了专业人员与非专业人员的平等协同。

杰出的传播学者麦克卢汉曾经分析论述过人类由非专业化到专业化再到非专业化的历史发展进程。麦克卢汉用"部落化""脱部落化"和"重新部落化"这三个词来描述人类历史的不同发展阶段。在部落世界里，只有口语，没有文字，文化只能靠口耳相传，人们只能面对面交流。与之相适应，人们的知识是非专业化的，人类文明的早期学者都是多学科的大家。孔子的"君子不器"可以视为非专业化的一个说明。在西方，亚里士多德是百科全书的鼻祖，甚至直到文艺复兴时期的达·芬奇仍同时在多学科领域作出了开创性的贡献。这在今天看来是不可想象的。然而，人类进入了工业化社会之后，便进入了"脱部落化"时代，专业化成为时代潮流。"货币、轮子和文字都会分割肢解部落的结构。任何其他形式的媒介，只要它专门从某一个方面加快交换或信息流通的过程，都起到分割肢解的作用。"②"专门化的技术产生非部落化的影响。"③"印刷媒介带来了专业化与技术，同时也造成了疏离感和个人主义。"④麦克卢汉在此描述了媒介专业化延伸导致感官失衡进而导致对部落的分割肢解即"脱部落化"。"脱部落化"的结果，是使人成为一个个专业的人，"专家"成为社会的精英

---

① 见《管子·形势解》，http://www.confucianism.com.cn/detail.asp?id=20942。
② 〔加〕埃里克·麦克卢汉，弗兰克·秦格龙编《麦克卢汉精粹》，何道宽译，南京大学出版社，2000，第274页。
③ 〔加〕埃里克·麦克卢汉，弗兰克·秦格龙编《麦克卢汉精粹》，何道宽译，南京大学出版社，2000，第186页。
④ 〔加〕埃里克·麦克卢汉，弗兰克·秦格龙编《麦克卢汉精粹》，何道宽译，南京大学出版社，2000，第186页。

和先知。尽管现代科学研究越来越需要研究者的协同合作,但是当今世界科学研究的最高奖项诺贝尔奖却基本上不奖励作出重大发现的科研群体,而只奖励作出突出贡献的研究者个人。这是"脱部落化"的一个明证。

专业化使人越来越单薄,将人异化为工具,不但不利于发掘人的潜能,而且抑制个人发展的可能性,不利于各项事业的协调发展。在专业化的社会里,我们尊重人才,但并不尊重人本身。也就是说,一个人的才能比他本身更为重要。这样的社会思维只能造就病态的社会。同时,现代社会越来越需要"上得厅堂,下得厨房"式的复合型人才,面对快速发展的社会,"四体不勤,五谷不分"的专业化人才正日益面临生存发展的危机。

麦克卢汉认为,电子媒介使人类结为一体,人类要"重新部落化",电子时代就是新"部落人"的时代。他说:"电子媒介造成的重新部落化,正在使这颗行星变成一个环球村落。"[1] "重新部落化"的一个表征就是具有较高综合素质和能力的复合型人才,这是更高层次的非专业化。

事实上,每个人都蕴藏着巨大的潜能。在专业之外,照样可以大有作为。维客模式是非专业化的胜利,它将人看作是一个个有血有肉、有爱有恨、有善有恶、各有所长、各有所短的活生生的个人,而不是抽象的专业和技能的承载物。正如《未来是湿的:无组织的组织力量》所说,在维客模式中,人与人之间,恢复了部落社会才有的湿乎乎的关系——充满人情、关注意义、回到现象、重视具体。中国人把社会关系上的湿,叫做仁,说的就是一小群一小群人聚在一块,在人情、意义、具体现象中体验人生。[2] 所以,维客的成功,是平等协同的人的集体成功,是非专业化的成功。它说明,"三个臭皮匠赛过诸葛亮"并非虚言。在专业化社会里,成千上万个臭皮匠也赶不上一个诸葛亮;而在非专业化的环境里,一个臭皮匠就可能赛过诸葛亮。

---

[1] 转引自何道宽《媒介即文化——麦克卢汉媒介理论批评》,2012 年 3 月 20 日,http://www.lwlm.com/xinwenchuanboxue/200806/62970p2.htm。
[2] 〔美〕克莱·舍基:《未来是湿的:无组织的组织力量》,胡泳、沈满琳译,中国人民大学出版社,2009,第 5 页。

四 维客是非组织化的变革与胜利

现代社会的一个重要特点就是组织化。所谓"组织",是指人们为实现共同目标而各自承担不同的角色分工,在统一的意志之下从事协作行为的连续性体系。与群体不同,组织具有明显的刚性,组织具有明确的结构特点:内部的科层管理制度、专业化的部门分工、职务分工和岗位责任制等。[①] 在我们国家,形形色色的"单位"就是组织,人们通过组织获取经济利益、社会地位甚至人格归属。这样,组织成为凌驾于个人之上的超然力量。

人类社会组织化的进程,与专业化的进程密不可分。人们建立或加入各种各样的组织,是为了实现组织的利益进而获取自己的利益。因此,组织本身是一个执行特定功能的系统,为了完成组织目标执行特定功能,组织内部存在许多刚性的制约,如管理核心、规章制度、命令、会议等,协调组织内部成员的活动,保证组织内部成员步调一致。一般情况下,当今的组织是按照硬件加软件方式组织起来的,以长期的契约和"铁的纪律"为约束成员的纽带,以岗位目标责任制要求组织成员为达成组织的目标而努力工作,并以各种奖励措施激励组织成员效忠于组织的事业。这样,在组织的权威下,个人成为"组织人",成为组织内部协调统一的一分子,为组织的目标而奋斗。

传统的标准组织建立在长期契约的基础上。组织成员之所以结合为一个组织,往往有一些非自愿的因素在内,组织成员"天长地久"地靠正式制度强制待在一起,所以组织的个体不可能是真正自由的。因此,虽然建立或加入组织可以降低交易成本,获取集体安全感,但因为组织是一个他组织的系统,所以组织成员的个性或多或少地受到压抑,生动活泼的氛围往往难以在组织内部生根发芽。

因此,组织化与专业化密切相关,它们在带来伟大进步的同时,正越来越多地把它的负面因素暴露出来。它把人性中的洪水制服了,却又带来

[①] 郭庆光:《传播学教程》,中国人民大学出版社,1999,第100页。

了人性的沙漠。① 组织是"脱部落化"的典型，虽然组织内部也有可能存在许多有人情味的东西，但是组织本身运作归根结底靠的是冷冰冰的制度。曾有一部电影叫《莫斯科不相信眼泪》，其实组织也不相信人情味的东西。在组织内部步调一致的表象之下，是组织的日益官僚化、机构化，因此组织往往缺乏人性的温暖与光辉。同时，作为"脱部落化"的典型，组织内部的专业化特色也非常明显。组织内的每个人也不再是活生生的有血有肉的人，而是被异化为工具的原子式的组织一分子，成为组织的"螺丝钉"。这样的组织，往往只能维持日常运转，创新乏力也就是不言而喻的事情了。

在维客模式中，成千上万的人基于爱和善的追求协同进行知识生产，他们凭着一种魅力，相互吸引，相互组合。人与人像日常生活那样联系，凭感情、缘分、兴趣快速聚散，他们之间的组织是一种基于话语的、临时的、短期的、当下的组合②，因为他们是完全自组织的，甚至是一种"无组织的组织"。传统的刚性的组织消失了，组织逐渐日常社会化，真正成为"自由人的自由联合"，并由此迸发出超强的协同共进能力，以更高的效能完成以往组织短期内不可能完成的任务。非组织化激发了个人的爱心和责任心，使每个参与者心情舒畅地参与任务，并且保证了其工作成果的质量。从这个意义上说，维客模式是非组织化的变革与成功，它就像一面镜子，照出了传统组织化的弊端与不足。从系统科学的观点看，这是自组织模式胜过他组织模式的成功。"兴趣是最好的老师"，不但学习如此，其他各种社会行为也是如此。

五 维客是分担分享的胜利

人是社会性的动物，"分享阳光，分担风雨"，形象地说明了社会和群体对于个人的重要性。常言道，如果一份幸福由两个人分享，那就等于拥有了两份幸福；反之，如果一份痛苦由两个人分担，每个人就只剩下了一

---

① 〔美〕克莱·舍基：《未来是湿的：无组织的组织力量》，胡泳、沈满琳译，中国人民大学出版社，2009，第5页。
② 〔美〕克莱·舍基：《未来是湿的：无组织的组织力量》，胡泳、沈满琳译，中国人民大学出版社，2009，第5页。

半的痛苦。个体的人的能力是有限的，常常是软弱无力的；而整体的人类是强大的，历经悠久的进化，终于在最近一万年取得了突飞猛进的发展与飞跃。

人是自私的动物，自私自利作为"必要的人性之恶"深深地植根于人性之中。人类文明的发展历程似乎是不断地"获取"的过程，许多时候"获取"似乎总是具有比"给予"更大的力量，成为人类文明进步的推进器。无论是亚当·斯密的《国富论》，还是弗洛伊德的"力比多"假说，似乎都证明了这一点。于是，获取而不是分享财富、地位和名誉的能力，成为个人成功发达的标志。"人不为己，天诛地灭"成为公理，"毫不利己，专门利人"则往往是昙花一现。

然而，无数的事实都已经证明，对于每个人而言，只要奉献者认定是有意义的事业，无私的奉献并非毫无可能，而可以比比皆是。正如《圣经》所言，"施比受更为有福"[①]，这是胸怀崇高理想的人才能体会到的境界。比如，为了信仰，无数的传教士向着未知的国度进发，即使面临疾病、苦难、死亡的危险也在所不惜。而无数的革命烈士抛头颅、洒热血，在他们的内心里洋溢着的是对革命事业必胜的坚定信心。因此，只要一个人认识到他所从事事业的意义和价值，奉献时间、精力和金钱乃至生命也就会成为顺理成章之事，而分担别人痛苦、增进别人福祉的价值认同更会激发人极大的成就感和幸福感，成为每个人热心奉献的动力源泉。

以维基百科为例，毫无疑问，维基百科的目的是崇高的。他们"用世界上每一种语言免费传递一个完整而全面的百科全书"的乌托邦式的梦想，既是制约维基百科发展的因素，又是其走向成功的基石。许多参与者正是基于对这种崇高理想的认可与追求投身于维基百科条目的撰写和编辑修改工作。由于激发了人们分担分享的内在动力，参与者从中也体验到了分享的快乐。

维基百科人是无偿奉献的，他们编撰维基百科条目并不能获取任何物质利益方面的好处。维基百科不但是免费编写的，其利用也是完全免费的，只要有条件上网的人都可以无偿阅读利用维基百科的条目，甚至编辑

---

① 《中文和合本圣经》，中国基督教协会，1996，第157页。

转载的版权约束也是限制最少的。这种开放共享是彻底的分享，其开放的程度在以往的知识产品里是很少见的。

为了实现彻底的开放共享，维基百科主动走上了非经济化的道路，主要依靠捐款运行。维基百科的模式是可以很容易实现盈利的，但他们不刊登广告，捍卫了知识体系的中立与客观。其他的维客网站往往也限制了自己的经济运作途径和范围，经济活动减少到最低限度。这是维客重义轻利的体现，也是维客实现其乌托邦或梦想的巨大动力。

多人协同、免费分享，"毫不利己，专门利人"成为现实，人们是基于兴趣而不是经济报酬参与知识信息的分担分享，在他人的利益和幸福中找到了自己的幸福和快乐。这是维客思维模式的巨大魅力。分担分享是自愿的而不是被迫的，每个人由此获得了分享的快乐，也升华了自我。维客的成功表明，除了经济利益驱动之外，还有其他各种各样的激励方式。只要机制灵活有效、方向正确，崇高的事业总会吸引越来越多的人参与其中。

显然，网络传播大大降低了协同互动和分担分享的成本，人们做好事只是举手之劳，这是维客模式取得成功的前提。从不利的方面看，网络传播降低了做坏事的成本；但从有利的一面看，网络传播尤其是Web2.0模式降低了做好事的成本，由此也大大增强了每个人的责任感和使命感，众多人参与知识信息的分担分享也就顺理成章了。所以，维客的成功是分担分享的胜利，是善和爱的胜利。维客为我们打开了认识世界和人性的另一扇窗口。

总体来看，维客是相当成功的，虽然还存在一些局限和问题。其最主要的问题是维客的商业模式不够成熟，因此赢利模式和商业前景不明朗。对于互联网网站而言，互助分享是重要的，但是没有赢利则难以实现可持续发展。许多维客网站发展曲折起伏，主要原因恐怕就在于此。但我们仍然深信，维客是我们利用互联网构建群体的重要手段。通过维客，我们可以按从前无法想象的方式一起从事某个项目；可以发现和我们志同道合的人群，不管我们的兴趣有多狭窄。① 维客不但改变了我们生产和获取知识

---

① 〔美〕克莱·舍基：《未来是湿的：无组织的组织力量》，胡泳、沈满琳译，中国人民大学出版社，2009，第11页。

的方式,也改变了我们之间的关系。因此,维客最终将能够给予我们更多的惊喜,让我们对此拭目以待。

The Cultural Significance of Wiki

Meng Xiangzhao, Wang Jingshan

(Beijing Institute of Graphic Communication, Beijing 102600, China)

Abstract: Wikis such as Wikipedia accomplished tasks seemingly impossible, and achieved more and more utopian dreams, showing the big power of Wiki model. The success of Wikis is the success of technology and operating model of Wiki, a victory of goodness and love, and a victory of equality ideas, non-professional, no-organization and sharing.

Keywords: Wiki; cooperation; non-professional; non-organization

论中国戏曲文化与国际接轨

慈妍妮

(北京印刷学院,北京 102600)

摘 要:本文从戏剧与戏曲文化的本质入手,分析了中国戏曲文化在世界范围内传播的过程以及遇到的困难,从而对如何克服上述困难,实现中国戏曲文化与国际的接轨进行了探索。

关键词:中国戏曲 文化 跨文化交流

一 中西戏剧文化的历史碰撞

戏剧,是人类文明史的共生现象,社会文化固然有进步、落后之分,但艺术形态具有相对稳定性,不能简单地区分为先进与落后。

以中国的二人转这种表演方式为例,二人转是以丑角为主,一生一旦的宋元词曲原生态戏曲,根基还是二小戏。有人认为文艺形式决定其内容,东北二人转产生在蛮荒的白山黑水之间,其表演形式、音乐风格决定了它永远成不了登大雅之堂的东西。但从中国戏曲的发展脉络来说,二人转是一种比较早且复杂的戏曲形式。二人转的表演手段大致可分为三种:一种是二人化装成一丑一旦的对唱形式,边说边唱,边唱边舞,这是名副其实的"二人转";一种是一人且唱且舞,称为单出头;一种是演员扮演各种角色出现在舞台上唱戏,这种形式被称为"拉场戏"。从戏曲形式上看,它蕴含着丰富的文化内涵和历史根基,尽管近现代的二人转有些"改良"很不成功,但是我们既要允许"阳春白雪"的存在,又要尊重"下里巴人"的发展,只有这样才能更好地平衡文化进步。再说说西方的戏剧发展,从古希腊戏剧到中世纪罗马戏剧,可以说西方戏剧一直是在一种萌芽状态下缓慢发展，而到了文艺复兴时期，伴随着莎士比亚等一大批戏剧家的涌现，西方戏剧发展达到了一个高峰。第二次世界大战后，西方用文化进化论来阐述戏剧演进，藐视所谓的落后民族，有文化沙文主义的影响；而在中国则是用平等的态度来关注不同的戏剧形态，探索广场戏剧、非剧院民间戏剧等公众戏剧形态，体现不同的文化积淀呈现出不同的文化特征。

由此我们可以得知，文化的全球化不是一体化，文化的一体化不是西方化，本土文化不仅不应被剥夺，反而应该被弘扬。中国戏曲是汉语文化的产物，戏剧的发生发展是一个动态过程。

二 以歌舞演故事的中国戏曲的对外传播与跨文化障碍

中国戏曲作为世界古老的戏剧文化之一，以其独特的魅力、东方化的审美取向和综合众多艺术样式（歌、舞、化妆、表演等形式）的表现手法成为中国传统文化的标志，在东西方文化交流过程中起到介绍中国文化的作用。从13世纪开始，中国戏曲先后在欧洲、美洲及东南亚进行传播，与当地文化艺术尤其是戏剧艺术交流融合。但这个过程从来不是一帆风顺的，在历史的不同阶段遇到了不同的困难。在全球化背景下，中国戏曲的跨文化传播又一次面对挑战，在研究中国戏曲文化与国际接轨的问题时，我们不能一味地夸大中国戏曲的艺术性，而忽视国际文化交流中的艺术屏障。

在中国戏曲对外传播的早期阶段，大约在12~13世纪，西方世界第一次大规模全面地接触中国戏曲。意大利人马可·波罗在元朝担任官员期间常有机会欣赏当时的元杂剧，后在其著作《东方见闻录》中介绍了这种中国戏剧。自15世纪起，中西文化交流更加频繁，中国戏曲和演员被介绍到欧洲，出现在欧洲舞台上，西方人开始领略中国戏曲艺术的独特魅力。从17世纪起，有关中国的著作在欧洲大量出现，东方文化为西方戏剧艺术创作提供了新鲜的素材。到了18世纪，欧洲掀起了宣扬、传播中国文化的高潮。其中，以对中国元杂剧《赵氏孤儿》的欣赏、改编和评价的影响最为深远。19世纪中期，一部分华南地区的中国人开始移民美洲和东南亚。中国戏曲，尤其是粤剧、潮剧等南方剧种随着华工群体的迁徙被带到新的土地上。早期中国戏曲的对外传播既包括剧本故事的翻译介绍也包括商业形式的演出，向世界展示了自己的艺术特色。

但中国戏曲对外传播并不是一帆风顺的，其困难主要来自不同文化间的冲突。首先表现为由中国戏曲不同于西方戏剧的审美方式和表现手法带来的冲突。《赵氏孤儿》的译者、传教士马若瑟认为"歌唱对欧洲人来说很难听懂。因为这些歌词所包含的是我们不理解的事务和难以把握的语言形象"，由此可以看出，文化交流中的交流双方首先看到的是不同点，即文化差异，正是这种差异带来了文化的冲突。

其次是经济因素，北美的情况突显了这一点。1867年夏天，当旧金山唐人街的中国戏院兴成源举办首场演出时，"原本可以容纳1500人的剧场里挤得水泄不通，观众反应十分热烈，给美国观众留下了深刻印象，看到精彩之处，观众的喝彩叫好声很频繁而且持续很长时间"。然而与此同时，19世纪七八十年代，随着美国经济萧条的到来，就业机会减少，中国劳工成了不受欢迎的群体。波特兰中国戏院周围的居民以嘈杂扰民为由，申请政府禁止剧院敲打锣鼓铙钹。由上可知，经济因素在戏曲的海外传播中所占的成分要比中国大得多。虽然经济原因是造成当时的美国人对中国戏曲以及中国文化厌恶的一个诱因，文化差异造成的冲突、文化认同的缺失却是中国戏曲早期传播的根本障碍。

毫无疑问，20世纪前半期，尤其是二三十年代，以梅兰芳访美演出为高峰的、以京剧为代表的一系列交流传播活动是中国戏曲跨文化传播的高潮。对比前一阶段中国戏曲跨文化交流所要面对的文化差异、冲突和不解来说，这个时期京剧走出国门的交流障碍则主要体现在当时国内文化界对于中国文化的一种自卑心态，尤其是对于中国戏曲的几乎全盘否定的心态上。在跨文化交流活动中，西方文化处于强势地位，作为弱势文化的中国戏曲虽然处在自己的全盛时期，却也不得不在西方文化的语境中检验自己，反证自己，从而摆脱被全盘否定和放弃的命运。就这样，中国戏曲的跨文化交流在困难和质疑中继续前行。

新中国建立初期，各种戏曲剧种保持了一定数量的跨文化交流活动，但在"文革"期间几乎没有进行任何有意义的戏曲文化交流活动。改革开放以后，我国在文化上与外界的交流日益增加，中国戏曲学院取材于国外题材的京剧《夜莺》《悲惨世界》《樱桃园》等都获得了一定的成功；美国夏威夷大学魏莉莎教授尝试用外国演员排演了《凤还巢》《玉堂春》《沙家浜》《四郎探母》《秦香莲》《铡美案》《杨门女将》等多部京剧剧目，并多次到中国巡演。与20世纪30年代梅兰芳访美前的情形相比，中国戏曲已经在国内外、戏曲艺术圈内外建立了自己应有的文化自信。作为重要的戏剧表演艺术，国际戏剧界为中国戏曲留有一席之地；作为东方优秀的文化形式，许多戏曲剧种先后入选联合国非物质遗产保护名录，受到相当的重视。然而，中国戏曲跨文化交流在新的历史时期又遇到了新的问题和困难，例如，开辟国际市场的困难、跨越理解障碍的困难、语言翻译的困难、剧目选择的困难等。

三 我们应该选择"走出去"

如何让中国戏曲更好地"走出去"是我们当今面临的主要问题，举一个例子：关于2010年度网络神曲《忐忑》的走红，没有人能听懂龚琳娜唱的歌词是什么意思，也没有人能看懂她丰富、夸张的表情想要表达什么样的情感，但事实是她确实红了，而且红得发紫，数以万计的人去模仿。更令人值得思考的是，她的唱法运用的是京剧的锣鼓经，其中有花脸，有旦、生等唱腔。为什么一个没有故事情节，没有丰富的舞台艺术，甚至看上去较劲的《忐忑》却能红遍大江南北，而我们的国粹——京剧的传播力、影响力却无法与其媲美呢？在我看来，《忐忑》就是一种行为艺术变种，它很好地利用了传统艺术，利用大众传播工具，以一种猎奇的形式获得了成功。它的成功就是高点击率，似褒似贬的无休止的评论。这种艺术现象不正是"阳春白雪"与"下里巴人"的艺术碰撞吗？那我们中国戏曲是不是可以借鉴一下《忐忑》成功的经验呢？

毫无提问，我们应该选择"走出去"，在更多元化的文化竞争中找到自己的一席之地，发挥自己的魅力。随之而来的问题就是：如何能够成功地实现"走出去"呢？

前面我们已经探讨过，不同文化之间存在着差异，中国戏剧想要获得广泛的接受，必须作出调整，但这种调整不是没有原则的。近年来，在文化旅游的浪潮中，一些地区为了迎合旅客，打破传统民族艺术文化的要求和限制，将许多本来只出现在某些特定节日或场合的原生态歌舞、戏曲，完全以"演"的方式来展示，使传统的历史文化内涵不复存在。还有一些地区为了追求经济效益，随意以民族艺术文化特色打造假民俗艺术文化旅游点。其表演东拼西凑，互相抄袭，随意改造民族歌舞，抛弃自身民族特色，使解读该民族的历史文化发生困难，进而导致深厚的历史文化内涵流失或变异。我们应当清醒地认识到，戏剧作为艺术表现形式，其最高目的永远是对艺术价值而非经济价值的追求。如果本末倒置，将对经济效益的追求作为艺术创作的主要目的，轻则失去自身的艺术特色，重则流于庸俗、媚俗。自身的特色乃是我们"走出去"的基础，也是艺术具有长久生命力的基础。这也是为什么一首点击率高的流行歌曲很快会不再流行，而一出好戏可以流芳千古。从这个意义上讲，戏剧人自身的自信显得尤为重要，一首《忐忑》，不应让我们对艺术的坚持变得忐忑。

参考文献

[1] 沈炜元：《东西方戏剧的互渗与融合》，《上海戏剧》2011 年第 10 期。

[2] 黄蓓：《东方文化视域中的古代戏曲研究》，《中国戏曲学院学报》2009 年第 1 期。

[3] 奚海：《燕赵元杂剧艺术在世界剧坛的历史性辉煌》，《河北学刊》2005 年第 4 期。

[4] 《谨防民族艺术文化为追求经济利益失去"生命"》，中国日报网，http：//www.chinadaily.com.cn/hqpl/zggc/2011－01－19/content_ 1605106.html。

The Culture of Chinese Drama and Its International Interaction

CI Yanni

(Beijing Institute of Graphic Communication, Beijing 102600, China)

Abstract: From the view of the nature of drama and drama culture, we are going to analyze the communication pattern of Chinese drama all over the world and what difficulties it will face, and a further study of how to overcome the difficulties to realize the integration of Chinese drama with international drama.

Keywords: Chinese drama; culture; cross-cultural exchange

论行为艺术的艺术性与受众理解

苗雅涵

（北京印刷学院，北京 102600）

摘 要：行为艺术自20世纪80年代传入中国后，对人们心中的艺术观念造成巨大冲击。今天的行为艺术以背叛传统走向极端而受到唾弃，但从艺术和审美角度来分析其发展脉络和表现形式可以更客观更全面地认识行为艺术，也能更直接地阐述行为艺术的艺术性和今后发展趋势。

关键词：行为艺术 行为表现 艺术性 审美性价值

行为艺术，是匪夷所思还是曲高和寡？这个问题从行为艺术诞生以来就伴随着它的成长一直被艺术界所关注所研究。作家刘海明认为对于时下国内以猎奇、怪诞而引起众人注目的所谓"行为艺术"，与其说是艺术，不如说是一种令人作呕的行为。这些不雅的"行为"，实在是对艺术的一种亵渎，一种背叛。但还有很多艺术评论家认为行为艺术的过程是把传统艺术从高不可攀的、精英文化的神圣殿堂，摆放到了普通观众心目中"不过如此"的位置的过程。尤其有的作品还请一般观众参与，这就更消解了艺术家与观众之间的心理距离，增强了观者对艺术创造行为的认同感，同时，行为艺术强调的是行为过程，这在客观上，就把艺术注重行为结果的单一视域拓展到了充分认识、注重艺术行为过程的领域，从而有助于人们完整地认识人类艺术整体行为的、合乎艺术规律性和目的性的发展运动。

笔者将以上两种看法归结为关于行为艺术的艺术性与非艺术性的讨论，那什么是行为艺术呢？行为艺术的诞生与发展的历史脉络又是怎样的呢？从这个角度出发，我们是否能发现对我们研究有价值的信息？

行为艺术是20世纪五六十年代兴起于欧洲的现代艺术形态之一。它是指艺术家把现实本身作为艺术创造的媒介，并以一定的时间延续。行为艺术，也称行动艺术、身体艺术、表演艺术等，国外目前通用的用法是Performance Art，它是在以艺术家自己的身体为基本材料的行为表演过程中，通过艺术家的自身身体的体验来达到一种人与物、与环境的交流，同时经由这种交流传达出一些非视觉审美性的内涵。行为艺术通常仅指视觉艺术范畴中前卫派（avant-garde）或观念艺术（conceptual art）的一种。在西方，行为艺术已经有近半个世纪的发展历史，相对于我国行为艺术的雏形而言比较完善。从行为艺术的整个发展脉络来看，我国基本上沿着西方的脚步在前行，行为艺术的鼻祖是一名叫科拉因的法兰西人，1961年，他张开双臂从高楼自由落体而下，并将此称作"人体做笔"。行为艺术在兴起之初就用另类的行动和虚无的内容来向传统进行挑战。在约翰·凯奇的《4分33秒》中，整个演奏过程没有一点声音，观众除了惊奇也感受不到丝毫乐曲的美妙。李泽厚觉得约翰·凯奇作品中所谓"充满了无限的可能性"就是"抽象的可能性"，而不是"现实的可能性"；所谓"一切可能的东西都可以发生"，"其实是什么都没有发生"。有些评论家认为"凯奇的目的并不在于用《4分33秒》来愚弄观众的耳朵，而在于他企图对传统的西方艺术观来一次哥白尼式的革命"。行为艺术发展到后来，除了虚无的内容、形式的搞怪之外，又发展到对身体的折磨，充满了"血腥和暴力""病态和污秽"的东西。艺术家们似乎越来越热衷于对自己身体的折磨，以此来赢得观众的注意。搞什么所谓的"裸露艺术""自残艺术"等，似乎要使行为艺术背离艺术的本质向极端艺术的方向发展。

中国的行为艺术和其他新潮美术一样，很多时候只是对西方艺术的照搬照抄，不得不说行为艺术在中国的诞生正逢中国的变革之际，1979年，香港艺术家郭孟浩用塑料袋在长城、故宫、颐和园、天安门广场放置了多个偶发性现场的行为艺术作品和装置作品，因此这一年也被称为中国的行为艺术元年。在20世纪80年代，西方现代艺术信息的不断涌入，催发了中国大批不同地域的青年艺术家相互交流，形成了大规模的新美术运动"85新潮美术"，他们尝试以包裹身体或裸露身体的艺术形式来进行创作实践，被称为中国内地的第一代行为艺术家。1989年在中国美术馆举办的"中国现代艺术展"是这一代行为艺术的总结，同时也开创了中国行为艺术的大发展时期，代表人物有"厦门达达"、"观念21"小组、吴山、李汉等，这个时期的中国行为艺术虽然带有荒诞的雏形，但在很大程度上还是伴有现实生活的影响，肖鲁朝自己的作品《对话》开枪的事件，致使展览被迫关闭，"厦门达达"的第二次展出将垃圾搬进了美术馆，两小时后被查封。这一系列轰动大众的行为表明，当时的行为艺术作品与西方早期行为艺术作品相似，能够引起人们对社会的思考，具有一定反叛意义。进入20世纪90年代，中国的行为艺术家开始使用个人的身体语言来表达自己的深层情感，这些艺术家的作品开始较少地与大众联系，其中也包括仪式化的折磨和自虐。而进入21世纪，行为艺术作品越来越多以挑战人性作为创作目的，暴力化倾向不断加剧，行为艺术是病态还是探索，成为这一时期乃至今日讨论的关键。

纵观行为艺术在中西方的发展脉络不难看出，有几个相似的特点。

（1）发展脉络大致相同。

行为艺术的发展脉络大致经历了早期的朦胧时期、形成与发展时期、多元化时期。在发展的早期，人们对行为艺术的认识不够深刻，更没有上升到艺术性的角度去考虑，只是感觉在其新鲜的视觉冲击力外带有一点对社会深层次的思考；在形成与发展时期，行为艺术更加"大胆"与"放肆"，同时也表现得很极端。这时候，便有一些文艺理论批评家、学者，从哲学、美学、艺术等角度剖析行为艺术的本质，简单地说就是赞同与反对的关系；从20世纪至今，行为艺术多元化，有美有丑，有相当一部分人认为艺术给人的感觉首先应该是美的和善的，它应透着人性的温暖和人生的憧憬。所以，美不美、对不对，是评价艺术智慧的基准和法则。"行为艺术"也好，"前卫艺术"也罢，无论什么样的"另类艺术"，如果让人看了后浑身起鸡皮疙瘩，那就很难说这样的艺术能高明到哪儿去，甚至让人怀疑，这究竟是不是真正的艺术？还有一部分人认为这种"敢为天下先"的价值判断，正是释放人类内心的孤寂与潜意识的原始心态的最好方式，这种艺术不仅能体现出像绘画、雕塑那种传统艺术形式的模仿本质，同时还更能彰显个性，使艺术的触角伸向更为遥远的想象空间。从这个角度上讲行为艺术就不是完全的对客观事物正确的模仿,那就不属于丹纳所谓的艺术领域。

(2) 艺术表现、传播形式大致相同。

我们可以将行为艺术理解为以身体为基本材料的艺术表演形式,艺术家通过自身的体验来传达一种思想,达到人与人、人与自然的交流,并传达出一些审美性的内涵。行为艺术的传播途径也基本相同,就是利用自身以及与周围事物的关系作为符号,传播一些艺术家自身想要表达的信息,这些信息有些比较隐晦,有些甚至荒诞无忌,受众的信息反馈看似对传播者没有太大的影响,但总是能在受传者中间甚至是更大的范围内产生反响。这样的艺术不是孤立存在的艺术,尽管有时传播的目的很不明确,但从各个方面都与外界发生着微妙的联系。

从以上的分析中,笔者认为行为艺术的艺术性与非艺术性之间没有明确的划分规定,它像一堵看不见的墙,我们不能单纯地从艺术的角度或者道德的角度去衡量,但怎样更好地去体现一件艺术品的艺术性确实值得行为艺术家们去思考,为什么那么多的行为艺术作品受到的是批判?如旅美艺术家徐冰在北京王府井大街展示的行为艺术:给一头母猪身上印满中国汉字,赶到一间铺满书籍的房子里,再放入一头身上印满英文的公猪,公猪与母猪相遇,不顾一切地交配。这则行为艺术看似取西方文化强奸中国文化之意以倡导保护中国本土文化,甚至由此而获得某种崇高性,但很多评论家认为,其中更大的含义在于以生物学原则消解文化原则,颠覆人类文明,返归兽性。所以什么样的行为艺术是大众能够接受的艺术,这是值得我们思考的问题,美术批评家彭德直斥这种带有暴力化倾向的行为艺术是"走火入魔"。"我们需要智慧、温和的前卫艺术",他呼吁。而中国近十年的所谓的行为艺术还不如称为"身体艺术",十有八九的是裸露、自残,或是毫无艺术感的荒诞,"审美的真实就是为了让人们看到真实的自我"。而主旨的费解难免使得行为艺术远离本来的"真实"。行为艺术的初衷本来是要把艺术引向现实生活,使人们明白艺术和审美本身是现实生活内在的本质的部分,由此而促进人性的完善和自由。然而,今天的中国行为艺术却将道路越走越狭窄,元素越来越单一,其表演虽在公共场所,其内涵却退入到纯个体(行为艺术家自身）的思想情感之中，只是一些简单元素的堆积，毫无系统的效果可言；虽然以"艺术"自居，却日益丧失其审美性；其表演虽热闹，吸引人眼球，却因缺乏对艺术自身之意义和价值的思考而变得无意义，甚至成为哗众取宠的工具。

笔者认为作为一种艺术，首先应能给人以一种启发，引起人们心中的无限畅想，引发人的一丝美感。行为艺术要存在发展下去，就需要有更多的受众欣赏、接受这种艺术。也许有人要说：艺术本身就赋予它应有一个高的起点，"阳春白雪"而不是"下里巴人"。但是行为艺术在当前社会的发展，需要加强与受众的沟通，让受众去了解它的深层意义，从而去欣赏、接受它。这就谈到了一个关于受众理解的问题，艺术本身就是一种行为，有的行为艺术备受观众的喜爱，例如，涂满铜锈色的仿古人雕塑，由真人扮演，不仅传达了一种深刻的历史厚重感，而且也很吸引受众的眼球，可以说是两全其美。真的希望这样的行为艺术多在我们身边涌现，这样的行为艺术才能称为真正的艺术。

参考文献

［1］刘静：《行为艺术路在何方——中国当代行为艺术发展趋势》，《东南文化》2006年第2期。

［2］侯瀚如、范迪安：《延伸与嬗变——关于行为艺术的对话》，《美术》1989年第7期。

［3］《众说纷纭"行为艺术"》，艺术档案，http：//www.artda.cn/www/21/2010－05/3555.html。

［4］《行为艺术》，http：//baike.baidu.com/view/3030.htm。

A Study of the Artistic Quality of Action Art and the Understanding of the Audience

MIAO Yahan

(Beijing Institute of Graphic Communication, Beijing 102600, China)

Abstract: Our attitude towards art has dramatically changed since the spreading of action art from Western countries to China from 1980s. Nowadays, action art has been cast aside because it has gone to extremes by betraying tradition. However, if we aim to analyze its development trends and sequences in a more aesthetic way, we might get relatively object and comprehensive cognitions of art. And thus we can explain the artistic quality of the action art and its future development trends.

Keywords: action art; art performance; art quality; aesthetic value

关于孔子学院的文化传播研究

刘俊敏

(北京印刷学院,北京 102600)

摘 要:民族文化是世界文化的组成部分,民族文化交流是世界发展的结果,也是文化自身发展的需要。全球化背景下的文化冲击和融合是不可阻挡的潮流,主动参与是明智的选择。通过孔子学院在全世界迅速发展的案例,从文化传播的视角对孔子学院的文化传播关系及其建立、孔子学院的文化传播方式和途径等方面进行了研究。孔子学院在向世界传播中国文化的同时也是自身文化的一次发展成熟的过程,有利于提高中国的软实力和国家形象。

关键词:文化传播 孔子学院 传播方式 文化全球化

一 关于孔子学院的"文化传播"

孔子学院是以满足海外汉语学习者的需求为主要任务,并向其提供优秀的学习资料以及推广汉语文化的教育和文化交流的机构。作为中国政府对外文化交流的重要国家项目,孔子学院是一个非营利性的社会公益机构,它以中国传统民族文化为象征,现已成为我国文化"走出去"战略的重要品牌。这里所谓的文化传播并不是普通社会学意义上的文化迁徙,而是指"特殊的特质和集结从一个文化向另一文化的传播"。要想更好地理解这个概念,就要先从传播学的角度来理解文化,"文化是人和人行为的总称,是人类独特的创造物"。一般来说,同一文化往往具有共同的价值系统和行为模式,是一个连绵不断的连续体,在不断地演变中积累、迁徙和增值;同时,文化又具有普遍性和多元性。由此可知,文化需要通过传播得以延续和发展,而传播也使文化得以丰富和生动,所以文化传播是研究文化和传播互相影响及其影响规律的学说,是一种精神信息传播行为。孔子学院的传播理念是,孔子学院是以孔子儒家经典为核心,从弘扬中华传统文化为指导思想,集外语教学与文化翻译为一体;外向传输中华文化,内向传导异质文化;培养全球范围内既懂汉语,又愿意学习与探索孔子思想的学员以回应全球日益升温的"汉语热"。由于语言的内涵是文化,文化又需要语言文字作载体,两者血肉相连,不可分割,而且学院冠以"孔子"二字,孔子的儒家思想又是中华文化的核心,所以孔子学院就有着文化传播的双重意义。

二 文化传播的基本原理在孔子学院文化传播模式中的体现及应用

(一) 维模(LATENCY)原理与适应原理的应用

维模功能是指文化圈对外来文化起选择作用和自我保护作用,换句话说就是文化圈对外来文化"取其精华,去其糟粕"。适应原理是指文化传播的选择性,当一种文化传播到另一种文化圈时,必须适应这一文化圈的特殊情况。如果说维模功能是受传者接受文化传播的影响机制的话,那适应原理便是传播者对文化传播的影响机制了。

以中华民族优秀文化为象征的孔子学院建设采取送去主义,是"东学西渐"在21世纪的文化复兴和文化自觉,有助于扭转"文化逆差"的颓势,维护世界文明的多样性。孔子学院播撒和谐价值观,有助于解决西方文化思维模式下人类面临的一些困境,促进和谐世界的发展。孔子学院建设是文明间的对话,体现了文化的民族性与时代性的统一,有助于保持旺盛的文化生命力,促进自身文化建设不断创新和发展。这样先进的文化内容必会在不同的文化圈中产生共鸣,也更加容易被其他文化圈所接受从而产生"维模效应"。

孔子学院自成立以来,针对不同群体对汉语学习的需求,推出多层次、多类型的教学模式,采取多种教学手段,利用多种办学方式进行汉语教学和文化传播。韩国又松大学孔子学院主动联络当地教育主管部门推动汉语教学进入当地各级各类学校,举办中小学及幼儿园汉语教师短期进修项目，开展汉语教师走出教室上门教学活动，推动汉语教学进社区进企业进政府机构，努力向更广泛的人群提供汉语教学服务。马来西亚汉语中心从 2006 年 2 月至今，共接受汉语培训人员近两千人，其中包括马来西亚皇家警察汉语培训班、吉隆坡地区华小教师普通话正音班、玛拉大学穆斯林大学生汉语培训精英班、泰莱学院马来西亚商界高层领导汉语培训班等。孔子学院的做法很好地体现了文化传播中的以上两个原理，巧妙地解决了传播者和受传者的供求矛盾。

（二）文化增值原理和进化原理——孔子学院的文化全球化的中国作为

文化增值是文化的放大和同质量的积累，是在传播过程中产生新的价值和意义。而文化进化原理则是文化传播中的优胜劣汰、适者生存法则。在这里笔者想将之引申为关于"文化全球化中国作为"的问题。世界文化都是在冲突融合中壮大的，对于正在构筑现代意义的中国文化而言，文化全球化可谓是挑战和机遇并存。中国文化对人对己都应该放弃以前基于意识形态斗争的、要么全盘继承接受要么全盘抛弃拒绝的二元对立思维。人类文化有相通性，即它始终是遵循不断进化的发展规律的，时代进步性是它发展历程的共同特征，吐故纳新是它的生存状态。对民族文化的盲目推崇或狭隘保护都只能使其远离繁荣。但人类文化发展虽然有不断进步的共性却不会有普遍适用的发展模式和内容，对比中西乃至全球历史可以发现，各民族在政治经济、科技文化上都有过强弱起伏，这就要求我们在文化上既不能民族虚无又不能泥古不化，要想更好地实现对接，达到相互了解，就必须付诸实践。孔子学院就是很好的实践，在传播自己文化的同时，也能更好地表现"文化全球化的中国作为"。

（三）文化融合原理和文化积淀原理——孔子学院的国家形象柔性塑造

文化融合是指两种以上不同文化传播后发生的吸收、认同的复合现象，例如民族文化的融合。文化积淀不仅仅是文化符号的积累，更重要的是意义的积淀。积累是传播的结果，而积淀则是传播的效果。随着全球化力量日益渗透到地方个体中,"非领土扩张化"使中国这个正在转型的文明古国也要面对"全球化、地方化"的命题。虽然在西方国家的主导下,全球文化变革更多地表现为西方强文化的单向流动和对弱势国家的侵蚀,使得"非领土扩张化"的文化范式不乏某种"侵略性";但它客观上也增加了国与国之间交往的亲密感,从而印证了文化的传播交流的确可以有效地实现国家意志和国家形象的输出。这种新的扩张方式不是借子弹和枪炮对地方权力的入侵掠夺,也不是殖民者对被占领地的控制,而是文化思想、观念在"非力"的传播过程中完成国家形象的柔性塑造。中国以举办"文化年"或"孔子学院"等文化传播方式走向海外,不是消极被动地应对,而是积极主动地"扩张"。通过这些灵活、富有张力的文化形式与西方世界沟通,达成互动,不仅输出中国的传统文化和现代发展,也传递蕴涵着文化、经济、生活方式等多方面巨变的中国形象。这正是孔子学院创造出来的文化融合和文化积淀。

三 孔子学院文化传播方式和途径

一般意义上的传播具有两种性质:一是传播主体对其所要传播的信息进行有目的性和专门性的传播,其对信息内容的选择具有明确的目的,所谓明确的目的,就是主观上有愿望使受众接受信息并达成对所传播的文化信息的认识或理解;二是无意的或不自觉的传播,即传播的主体对其传播信息的没有明显的选择和明确的目的。孔子学院的存在兼具了文化传播的两种性质,并且在自觉和非自觉的情况下,利用不同的传播媒介进行的信息传播。

(一) 利用人际媒介进行的信息传播

一方面,孔子学院通过人际的交往,也就是说当一个人与另一个人交往时,一方会有意识有目的地向另一方讲解、宣扬某种精神文化或精神成果,并期望唤起对方对这种精神成果的好恶感,这样,信息的接受者和信息的传播者之间就可以达成某种认识或共同追求一致的目的。这就产生了人际媒介有目的的自觉的文化传播,例如,孔子学院的宣传手册。另一方面,孔子学院也可以是人际媒介无意识进行的文化信息的传播,比如,通过孔子学院举办的短时间的中国实地文化体验节目,学生把在中国的所见所闻向周围的人们介绍，而这些见闻中很可能会涉及一些中国社会精神文化、意识形态方面的内容。对于这些信息内容，虽然学生是在无意当中讲出来的，但是对于听者可能是有心，从而在无意识和不自觉中宣扬和传播了中国的文化价值观念和社会意识形态。

再者，孔子学院本身也可以被看做是一种东方文化圈和西方文化圈相互交往的媒介。传播者和受传者相互影响，相互作用。这是传播学中很有意思的一种现象，在不同的研究范围中，同一传播者可能是另一传播模式的媒介充当者，而受传者也很可能是新的传播者。

（二）利用印刷媒介和电子媒介进行的信息传播

《孔子学院海外设置指南》第五条中的第3款为"建设中文图书馆并提供中文资料查阅服务"。这就为孔子学院通过印刷媒介进行传播提供了充分的合法性和广泛的传播可能性。第五条中的第8款为"推介中国的各类文化产品如图书及音像制品、传统艺术品、纪念品等"。现在是信息时代，各种通信手段越来越发达，人们的沟通也越来越快捷和方便，这和电子多媒体的发展是分不开的。一方面，孔子学院在传播汉语和文化时可以借用广播电视、电影或互联网技术等现代科学手段来对中国的文化成果进行更加方便快捷和有针对性的介绍，以期达到更加良好的目的。另一方面，电子媒介所传播的大量信息中，毕竟有很多部分并不是专门性的直接有关中国文化的传播，但是学生也常常能从一些非专门介绍中国人文精神的节目中了解到一些有关中国精神文明的成分。

四 结语

孔子学院并非一般意义上的大学，而是推广汉语和传播中国文化与国学的教育和文化交流机构。对孔子学院进行传播学的研究，将有利于孔子学院发挥上述作用，并使中华文明更好地为世界所理解与接受。

参考文献

[1] 段鹏、韩运荣、田智辉编《传播学在世界》，中国传媒大学出版社，2004。

[2] 王晓玉主编《传播学研究集刊》，上海古籍出版社，2005。

[3] 〔美〕伽摩利珀编著《全球传播》，尹宏毅主译，清华大学出版社，2003。

[4] 戴元光、金冠军主编《传播学通论》，上海交通大学出版社，2000。

[5] 刘乃京：《文化外交——国家意志的柔性传播》，《新视野》2002年第3期。

[6] 《孔子学院的世界步伐》，http：//www.jyb.Com.cn/zt/lxzt/2006/c/，最后访问日期2008年4月14日。

[7] 李北陵：《"孔子学院"走俏海外的冷思考》，《人民论坛》2007年第1期。

[8] 郭扶庚：《孔子学院：中国"软实力"的标志》，《东北之窗》2007年第5期。

On Confucius Institute's Culture Communication

LIU Junmin

(Beijing Institute of Graphic Communication, Beijing 102600, China)

Abstract：National culture is the constitute part of the world's culture. The communication of national cultures, as the result of the development of international culture, is in increasingly need of self-development. Under the circumstance of globalization, it's an irresistible trend to face culture shock and international integration, so it's wise to participate in actively. As the case of the rapid development of Confucius institute all over the world, several researches have been conducted in the different aspects, such as Confucius institute's culture communication's relationship and its establishment patterns and channels from the point of culture communication. Confucius institute spreads Chinese culture worldwide. At the same time, it is also a self-development process of its own culture, which not only benefits to China's soft power but also beautifies the country's image.

Keywords：culture communication；Confucius institute；communication patterns；culture globalization

On Reading the *Life of Pi*

Li Jingjing

(Beijing Institute of Graphic Communication, Beijing 102600, China)

That's a question that you don't hear every day, do you? However when Piscine Molitor Patel was thrown into this situation suddenly, he had to find ways to survive this ordeal. This story is told in a book called *Life of Pi* by Yann Martel. I'm also very happy to enjoy the newly released movie based on this novel by the end of last year. So if you have not yet seen or read *Life of Pi* and plan to do so, you'd better not read any further, as this article will contain spoilers that are necessary for the content.

About the Story

Growing up in Pondicherry, India, Piscine Molitor Patel—known as Pi—has a rich life. Bookish by nature, young Pi acquires a broad knowledge of not only the great religious texts but of all literature, and has a great curiosity about how the world works. His family runs the local zoo, and he spends many of his days among goats, hippos, swans, and bears, developing his own theories about the nature of animals and how human nature conforms to it. Pi's family life is quite happy, even though his parents aren't quite sure how to accept his decision to simultaneously embrace and practice three religions—Christianity, Hinduism, and Islam.

Due to the political changes in India, and when Pi is sixteen, his parents decide that the family needs to escape to a better life. Choosing to move to Canada, they close the zoo, pack their belongings, and board a Japanese cargo ship called the Tsimtsum. Travelling with them are many of their animals, bound for zoos in North America. However, they have only just begun their journey when the ship sinks, taking the dreams of the Patel family down with it. Only Pi survives, cast adrift in a lifeboat with the unlikeliest of travelling companions: a zebra, an orangutan, a hyena, and a 450 – pound Royal Bengal tiger named Richard Parker.

Thus begins Pi Patel's epic, 227 – day voyage across the Pacific, and the powerful story of faith and survival at the heart of Life of Pi. By dint of his zoo exposure and the protection of tarpaulin, Pi manages to establish his own territory on the lifeboat and even gains dominance over Richard Parker. At various points in their 227 – day ordeal, Pi and the tiger miss being rescued by an oil tanker, meet up with another shipwreck survivor, and discover an extraordinary algae island before finally reaching safety.

When Pi retells the entire story to the two Japanese investigators for the cause of the sinking, they express deep disbelief, so he offers them a second, far more cruel but believable story that parallels the first one. They can choose to believe the more fantastical first one despite its seeming irrationality, or they can accept the second, far more rational version, more heavily grounded in our everyday experiences.

Back to the Question

Pi's companion throughout his ordeal at sea is Richard Parker, a 450 – pound Royal Bengal tiger. Unlike many novels in which animals speak or act like humans, Richard Parker is portrayed as a real animal that acts in ways true to his species. It can be difficult to accept that a tiger and a boy could exist on a lifeboat alone. If I found myself with an adult Bengal tiger in my lifeboat due to an unexpected ship wreck, I'd find all odds are against me and even if I survived the night, I'd be breakfast for the big cat. However, in the context of the novel, it seems plausible. Captured as a cub, Parker grew up in the zoo and is accustomed to a life in captivity. He is used to zookeepers training and providing for him, so he is able to respond to cues from Pi and submit to his dominance. However, he is no docile house cat. He has been tamed, but he still acts instinctually, swimming for the lifeboat in search of shelter and killing the hyena and the blind castaway for food. When the two wash up on the shore of Mexico, Richard Parker doesn't draw out his parting with Pi, he simply runs off into the jungle, never to be seen again.

The novel traces Pi's development and maturation in a traditional coming-of-age story. Pi is an eager, outgoing, and excitable child, dependent on his family for protection and guidance. In school, his primary concerns involve preventing his schoolmates from mispronouncing his name and learning as much as he can about religion and zoology. But when the ship sinks, Pi is torn from his family and left alone on a lifeboat with wild animals. The disaster serves as the catalyst in his emotional growth; he must now become self-sufficient. Though he mourns the loss of his family and fears for his life, he rises to the challenge. He finds a survival guide and emergency provisions. Questioning his own values, he decides that his vegetarianism is a luxury under the conditions and learns to fish. He capably protects himself from Richard Parker and even assumes a parental relationship with the tiger, providing him with food and keeping him in line. The devastating shipwreck turns Pi into an adult, able to fend for himself out in the world alone.

Certainly as an allegory, the story seems like a cover placed over the top of the truth, to help Pi deal with it, to help him express his love of God, or even to keep him sane while on the water for 227 days. It seems very believable that his inner "tiger" was released upon his mother's death, causing him to kill the cook "hyena" and stay alert and fearful enough to survive his ordeal.

As Yann Martel has said in one interview, "The theme of this novel can be summarized in three lines. Life is a story. You can choose your story. And a story with an imaginative overlay is the better story." In *Life of Pi*, when the author tells us how he was led to Pi Patel and to this novel: In an Indian coffee house, a gentleman told him, "I have a story that will make you believe in God." When a story is that beautiful, it is almost frustrating to come away without any closure, but I am starting to think that just adds to the charm of this book. Everybody will come to a different conclusion about this tale, and therein lies its true power.

Life of Pi bears a faint resemblance to the movie *Big Fish*, also a story about storytelling and how we understand and rationalize our own lives through tales both mundane and tall. Martel's book is structured as a story within a story within a story, planned and executed in precisely 100 chapters as a mathematical counterpoint to the endlessly irrational and non-repeating value of pi. The book is alternately harrowing and amusing, deeply rational and scientific but wildly mystical and improbable. It is also hugely entertaining and highly readable, as fluid as the water in which Pi floats. Anyone who enjoys literature as a vehicle for contemplating the human condition should find in *Life of Pi* a delicious treat.

《出版与传播学刊》征稿启事

为倡导具有科学性和创新价值的出版传播研究，突出出版产业中的文化研究、期刊研究、数字出版、创意经济研究，北京印刷学院新闻出版学院与社会科学文献出版社联合创办连续性学术集刊《出版与传播学刊》，旨在搭建出版与传播的学术平台，促进国内及国外学者间的交流与对话。本刊坚持以数字出版探索与传统理论研究并重的原则，倡导多学科、全球化视野的出版传播学术研究，亦致力于数字媒体人才培养模式的探索，刊登出版传播领域的高水平学术论文。现真诚向国内外学人征稿，为嘉惠学林捧出一瓣心香。

本刊论文选题范围包括网络新媒体应用与管理、数字出版与传媒产业发展、网络编辑与网络文化、数字媒体人才培养与专业教育等，恳请学界及业界各位同仁大力支持，积极赐稿。

根据学术著作出版相关规定，要求所有来稿均附有中英文标题、摘要、关键词，参考文献须完整、规范。本刊实行以学术价值为唯一依据的、合乎国际学术期刊惯例的双向匿名审稿制度。本刊收稿后三个月内通知作者稿件处理意见，所有稿件恕不退还。请在稿件上写明真实姓名、作者简介、通信地址、电话、邮编、电子信箱，以便联络。电子文本请发往：jpac2013@sohu.com；打印稿请寄往：北京大兴北京印刷学院新闻出版学院（康庄校区），《出版与传播学刊》编辑部，邮编102600，电话010-60227803。

图书在版编目(CIP)数据

出版与传播学刊.2013年第一期.总第1期/陈丹主编.
—北京：社会科学文献出版社，2014.2
 ISBN 978-7-5097-5212-8

Ⅰ.①出… Ⅱ.①陈… Ⅲ.①出版工作-研究②传播学-研究 Ⅳ.①G23②G206

中国版本图书馆CIP数据核字（2013）第248461号

出版与传播学刊（2013年第一期 总第1期）

主　　编／陈　丹

出　版　人／谢寿光
出　版　者／社会科学文献出版社
地　　　址／北京市西城区北三环中路甲29号院3号楼华龙大厦
邮政编码／100029

责任部门／全球与地区问题出版中心 （010）59367004　责任编辑／刘　娟
电子信箱／bianyibu@ssap.cn　责任校对／秦　晶
项目统筹／刘　娟　责任印制／岳　阳
经　　销／社会科学文献出版社市场营销中心 （010）59367081　59367089
读者服务／读者服务中心 （010）59367028

印　　装／北京季蜂印刷有限公司
开　　本／787mm×1092mm　1/16　印　张／13.25
版　　次／2014年2月第1版　字　数／206千字
印　　次／2014年2月第1次印刷
书　　号／ISBN 978-7-5097-5212-8
定　　价／49.00元

本书如有破损、缺页、装订错误，请与本社读者服务中心联系更换
▲ 版权所有 翻印必究